L'adieu interdit

Du même auteur

La Mort intime, Robert Laffont, 1995 ; Pocket, 2006.
L'Art de mourir, Robert Laffont, 1997 ; Pocket, 2000.
La Quête du sens, Albin Michel, 2000.
Nous ne nous sommes pas dit au revoir, Robert Laffont, 2001 ; Pocket, 2002.
Le Grand Livre de la tendresse, éditions Albin Michel, 2002.
Le Souci de l'autre, Robert Laffont, 2004 ; Pocket, 2005.
Mourir les yeux ouverts, Albin Michel, 2005 ; Pocket, 2007.
La chaleur du cœur empêche nos corps de rouiller, Robert Laffont, 2008 ; Pocket, 2010.
La Sagesse d'une psychologue, Jean-Claude Béhar éditions, 2009 ; Pocket, 2013.
Une vie pour se mettre au monde, avec Bertrand Vergely, Carnets Nord, 2010 ; Le Livre de poche, 2011.
Qu'allons nous faire de vous ?, avec Édouard de Hennezel, Carnets Nord, 2011 ; Le Livre de poche, 2013.
Nous voulons tous mourir dans la dignité, Robert Laffont, 2013 ; Pocket, 2015.
J'ai choisi de me battre, j'ai choisi de guérir, avec Claude Pinault, Robert Laffont, 2014.
Sex and Sixty : un avenir pour l'intimité amoureuse, Robert Laffont, 2015.
L'Âge, le Désir et l'Amour, Pocket, 2016.
Croire aux forces de l'esprit, Fayard, 2016 ; Pocket, 2018.
Et si vieillir libérait la tendresse…, avec Philippe Gutton, In Press, 2019.

Marie de Hennezel

L'adieu interdit

PLON
www.plon.fr

Ouvrage publié sous la direction de Marion Lavenir

92, avenue de France
75013 Paris
Tél. : 01 44 16 09 00
Fax : 01 44 16 09 01
www.plon.fr
www.lisez.com

Mise en pages : Facompo
Dépôt légal : octobre 2020
ISBN : 978-2-259-30486-3

À Jean, mon père,
à qui nous n'avons pas pu dire adieu.

Plus jamais ça !

La crise du Covid-19 a généré des souffrances dont nous ne mesurons pas encore toutes les conséquences. Pendant le confinement, j'ai suivi de très près les effets délétères des mesures sanitaires sur la population, notamment leur impact sur les personnes vulnérables, âgées, malades, sur leurs familles, sur leurs soignants.

Du jour au lendemain, ce qui rythmait la vie de ces personnes, ce qui les maintenait vivantes, tout s'est arrêté. Avec l'interdiction des visites, cette rupture brutale de leurs liens affectifs, nombreuses sont celles qui ont perdu le goût de vivre. Ne comprenant pas les raisons de ce confinement strict, se sentant abandonnées des leurs, elles se sont bien souvent laissées mourir.

Beaucoup se sont repliées sur elles-mêmes, recroquevillées sur leur tristesse, se demandant quel sens pouvait bien avoir leur existence si elles devaient perdre leur liberté d'aller et venir, et rester enfermées dans leur chambre. Quant aux personnes âgées ayant perdu leurs facultés cognitives, elles n'ont pas compris ce qui se passait. Leur capacité de rester en lien grâce au travail des médecins, des soignants et à la sollicitude de leurs proches a fondu comme neige au soleil. Elles se sont enfoncées un peu plus dans leur nuit intérieure. Ainsi, parmi ceux qui sont morts, on ne saura sans doute jamais qui était atteint du Covid-19 et qui est mort de solitude et de chagrin.

Les malades hospitalisés, en réanimation ou en soins palliatifs, n'ont pas eu le temps de revoir leurs proches et de leur dire au revoir avant de mourir. Du moins, au tout début du confinement.

J'ai entendu la détresse des familles interdites de visite, écartées des rites d'accompagnement des mourants, des veilles mortuaires et des rites funéraires. Des rites sacrés qui sont, depuis la nuit des temps, et partout sur la planète, à la racine de notre civilisation humaine. J'ai soutenu psychologiquement bien des soignants vivant un « cauchemar d'inhumanité », obligés de mettre en œuvre des règles que leur conscience réprouvait. D'autres ont su prendre la responsabilité personnelle d'assouplir les mesures édictées par l'État, et ont fait preuve d'une humanité qui les honore.

Je suis témoin, à l'heure où j'écris, des dégâts irrémédiables, d'une gravité sans précédent, des décisions sanitaires sur la psyché de ceux qui ne peuvent faire normalement le deuil d'un parent, à qui ils n'ont pas pu dire au revoir, et qu'ils n'ont pas pu honorer par des obsèques dignes de ce nom. Je constate à quel point, en voulant protéger la vie biologique des uns, on a nui à la personne humaine.

Cette situation douloureuse est le fruit d'une absence d'éthique incompréhensible au pays des droits de l'homme. Elle est aussi la preuve d'un manque coupable du respect que nous devons au droit de chacun de disposer de sa vie comme il l'entend, et de prendre pour lui-même les risques qu'il est prêt à prendre.

En agissant ainsi, nos experts scientifiques et nos gouvernants ont commis une faute. Ils ont sous-estimé l'importance des rites immémoriaux qui lient les vivants et les morts. Ils ont désespéré les mourants en leur volant leur mort. Ils ont fragilisé les vivants en leur volant un moment essentiel de leur vie.

Des décisions sanitaires, censées protéger le vivant, ont en fait généré de l'inhumanité et de l'indignité. Elles ont été mortifères.

J'ai donc décidé de partager avec mes lecteurs mes pensées et mes émotions, au fil de ces mois de confinement. Après avoir consacré une partie de ma vie à la transmission de mon expérience au chevet des mourants[1], rédigé deux rapports ministériels[2] sur le devoir de non-abandon et l'évolution de la culture palliative

1. Marie de Hennezel, *La Mort intime*, Pocket, 2006.

2. Le rapport « Fin de vie, le devoir d'accompagnement », remis en septembre 2003 à Jean-François Mattei, ministre de la Santé ; puis le rapport « La France palliative », remis en 2007 à Roselyne Bachelot, ministre de la Santé.

en France, participé à des programmes d'amélioration de la fin de la vie dans les Ehpad[1] et dans des résidences services[2], mais aussi à de nombreux débats publics et médiatiques, j'ai assisté, impuissante, à l'effondrement brutal de tout ce à quoi nous sommes parvenus, en France, pour la dignité du mourir[3].

J'espère sincèrement, en écrivant ces quelques pages, contribuer à ce que ce genre de situation, si peu éthique, si grave pour notre humanité, ne se reproduise plus jamais.

1. Le livre blanc « La mort en établissement, un tabou à dépasser. Propositions pour mieux accompagner la fin de vie et la mort en maison de retraite et en clinique », Fondation Korian pour le bien-vieillir.

2. Programme de formation à l'accompagnement de la fin de vie des résidents, destiné aux directeurs de résidences services Domitys (2018-2019).

3. Marie de Hennezel, *Nous voulons tous mourir dans la dignité*, Pocket, 2015.

La peur a eu raison de l'humain

Chacun est condamné à mourir seul, sans sa famille, sans un dernier adieu

« Nous sommes en guerre », nous dit notre président de la République. Contre un ennemi invisible, un virus tueur et contagieux. La France est prise de court. Nous n'avons pas les moyens de nous protéger. Pas de masques, pas de tests. Je viens donc d'apprendre, comme tous les Français, que je serai confinée chez moi et que je n'aurai pas le droit d'aller voir mes enfants et mes petits-enfants. Rivée à mon poste de télévision, je subis, sans même m'en rendre compte, l'effet anxiogène des mesures sanitaires qui nous sont brutalement imposées. J'entends, tous les soirs, la litanie des chiffres. Les morts s'accumulent. Les services de réanimation sont à la limite de leur capacité d'accueil. Les gens ont peur. Les médecins généralistes ne se déplacent plus. « Si vous avez de la fièvre, restez chez vous et prenez du Doliprane. » C'est ce que fait ma fille aînée, confinée avec ses enfants, à Versailles. Comme toutes les mères qui savent leur enfant en danger, je suis inquiète. Heureusement, c'est une forme bénigne du coronavirus. D'autres ont des formes plus graves. Comme cet ami de mon âge, qui meurt après trois semaines en réanimation. J'apprends que sa femme n'a même pas pu aller lui dire au revoir. Je réalise alors le drame que vivent tous ces proches de malades et de personnes âgées qui vont mourir seuls dans un service hospitalier ou dans leur maison de retraite.

Personne ne s'y attendait.

Les visites aux personnes âgées en perte d'autonomie ou gravement malades hospitalisées, mourantes, sont désormais interdites.

Il ne faut pas se voiler la face. Je réalise, dès ce début de confinement, que des milliers de personnes âgées accueillies dans les Ehpad vont mourir dans les semaines qui viennent. Du coronavirus, mais aussi de chagrin.

Ces personnes, fragiles, ayant souvent des troubles de mémoire, dont la vie est rythmée par les repas en commun, les fêtes, les jeux que les soignants créatifs leur proposent, se retrouvent brutalement confinées dans leur chambre, sans aucune visite. Croire qu'il suffit d'expliquer les raisons de ce confinement est une grave erreur. Beaucoup souffrent de troubles cognitifs et seuls les fragiles repères qu'ils se sont construits leur permettent de rester en vie. Je pressens que beaucoup vont perdre le goût de vivre, qui ne tient souvent qu'à un fil : la visite d'un enfant, d'un petit-enfant. Ces visites qui montrent l'attachement, le lien affectif, et qui renforcent le sentiment ténu d'avoir encore sa place dans ce monde. Mais cette violente mise à l'écart, cette brutale interdiction d'être pris dans les bras, embrassé, d'entendre les mots d'amour dont on a tant besoin, mesure-t-on ce qu'elle a de mortifère ?

Certains, se sentant abandonnés, vont se laisser mourir et glisser peu à peu vers la mort.

D'autres, atteints par le virus, ne pourront être hospitalisés, car j'entends déjà que certains services d'urgence les refusent à cause de leur âge. Comment vont-ils mourir ? D'une manière inhumaine et indigne ? En souffrant, en étouffant ?

Chacun est condamné à mourir seul, sans sa famille, sans un dernier adieu.

La réaction de notre Premier ministre Édouard Philippe à la question d'un homme, lors d'une des conférences de presse de la fin mars 2020, lui demandant s'il pourrait aller voir son père âgé, en train de mourir dans sa maison de retraite, me glace. « Non », a-t-il répondu. Une réponse qui est tombée avec la brutalité d'un couperet, même si le chef du gouvernement a eu l'humanité de dire qu'il était conscient de la douleur qu'allait engendrer sa décision. Cet homme a appris dans la foulée qu'il ne pourrait pas non plus voir son père sur son lit de mort ni rendre hommage à son corps.

C'est la première fois dans l'histoire de l'humanité qu'une décision politique et sanitaire empêche un être humain d'accompagner un proche mourant dans les derniers instants de sa vie. La première fois que l'on interdit de « constater la mort », de voir le visage du mourant, de rendre hommage au défunt, de se réunir pour ses funérailles.

J'entends la réaction de Boris Cyrulnik sur France Inter, le 25 mars, invité par Léa Salamé.

> « Depuis que les êtres humains sont sur terre, ils font des sépultures, ils font des rituels du deuil. Toutes les cultures en ont. Et là, on sera obligés de ne plus le faire. Donc ça va provoquer des angoisses et de grands malaises parmi les survivants, pendant les mois et les années qui suivent. Il y aura des culpabilités, pas toujours conscientes, avec des comportements d'auto-punition : rater un examen, rater un rendez-vous important... On n'a pas le droit d'être heureux quand on a laissé nos parents mourir tout seuls, on s'abîme nous-mêmes, on se punit. »

Le pronostic est donc posé par un de nos plus célèbres psychiatres. Boris Cyrulnik n'a pas peur de dire que le prix de cette pandémie et des décisions politiques prises pour protéger « sera élevé pour nos sociétés ».

Objection de conscience

Vincent You[1] m'avait invitée, en 2019, à venir visiter son Ehpad à Confolens, près d'Angoulême, et j'avais rencontré alors un directeur très humain et très proche de son personnel. J'ai donc tout naturellement envie de l'appeler pour avoir de ses nouvelles.

Il me dit son désarroi devant des mesures sanitaires qui font basculer les « bonnes pratiques » construites depuis des années pour respecter l'autonomie des personnes âgées qu'il accueille.

> « Tous les efforts que nous faisons pour considérer nos anciens comme des citoyens à part entière, pour construire une démarche où l'organisation s'adapte à la personne, pour prendre soin sans violence, respecter le rythme de chacun, le droit à son intimité, tout cela est suspendu ! »

Bien sûr, le directeur de l'Ehpad de Confolens accepte l'impératif catégorique de la survie, le choix de mettre au second plan la vie sociale, mais le Covid n'est pas le seul risque.

> « Nous allons avoir des phénomènes de "glissement" par lesquels nos anciens vont se laisser mourir. Nous allons

1. Vincent You est directeur de la Maison des Sources et du centre hospitalier de Confolens, et copilote du groupe régional de Nouvelle-Aquitaine sur les bonnes pratiques en Ehpad.

avoir des décompensations psychiatriques ou comportementales, et certains anciens nous laissent voir des symptômes post-traumatiques. »

Pour le moment, m'apprend Vincent, la Charente est encore préservée. Le virus n'y circule pas. « Mais nous nous préparons. Nous travaillons, me dit-il, à établir la liste des personnes éligibles à la réanimation. Car, si le virus fait intrusion dans l'Ehpad, nous risquons une avalanche de contaminations, et nous savons que les urgences de l'hôpital de Confolens ne seront peut-être pas en mesure d'accueillir nos résidents, si elles sont saturées comme le sont certains hôpitaux de l'est de la France. »

Je fais part à Vincent You de mon intention d'écrire une tribune dans les médias.

Je reçois, le lendemain, un encouragement de sa part :

> « Notre conversation m'a fait réfléchir. Nous sommes peut-être devant un profond krach humain dans les Ehpad. Je ne pense pas que vous deviez modérer votre propos sur la base de mon petit témoignage marqué encore par l'attente.
>
> Vous avez un rôle d'interpellation, autant aller au bout ! Si vous le souhaitez, je peux vous donner des précisions sur les "listes des élus" qui se préparent la mort dans l'âme.
>
> Ici et là, une prise de conscience collective pourra encore avoir une incidence, puisque rien n'est encore définitif.

> Je passe mon temps, comme tous mes collègues, à recevoir des recommandations qui inversent les ordres de la veille.
> Il y a donc une bonne opportunité pour parler fortement[1]. »

Vincent songe donc à écrire un texte d'objection de conscience au président de la République et au Premier ministre, et me demande de le cosigner, ce que j'accepte volontiers. Dans cette lettre écrite le 18 avril, il lance donc un cri d'alarme. « La situation n'est plus tenable et impose de pouvoir ouvrir de nouveaux chemins pour laisser vivre nos aînés, dans un lien aménagé et sécurisé avec leurs familles. »

Dans cette lettre, le courageux directeur de cet Ehpad charentais porte le cri d'alarme de milliers de soignants. Il demande à ce que les visites des familles soient rétablies, faisant remarquer que « les solutions numériques ne suffiront pas à répondre aux besoins d'humanité ».

> « Il est urgent de retrouver les visages et les sens. Pour nos anciens, reconnaître un membre de sa famille est parfois une étape compliquée ; mais vivre entouré de masques est une façon de glisser dans un théâtre d'ombres. Nous pouvons trouver, au cas par cas, les bons équilibres qui permettront de contempler le visage d'un enfant (à distance, mais sans masque), lorsque la

1. E-mail de Vincent You, daté du 25 mars 2020.

vue est encore là, ou d'établir un contact tactile (après lavage et soluté hydroalcoolique), lorsque le contact est la dernière forme de dialogue : ou de parler simplement dans l'intimité (avec masque et distance, mais sans grille et sans verre protecteur), lorsqu'un salon ou un jardin peut être aménagé et sécurisé.

Encore faut-il nous laisser une certaine liberté pour construire de nouvelles “bonnes pratiques”, en faisant confiance à notre sens des responsabilités. »

Dilemmes éthiques

Je prends connaissance du texte par lequel le CCNE[1] complète sa contribution initiale du 13 mars et propose une « veille éthique » au plus près de la gestion de la crise sanitaire. Une mise au point s'impose, car le dilemme initial entre solidarité et autonomie, entre protection et liberté, est « rattrapé de jour en jour par l'émergence de dilemmes éthiques ». Il en va de la dignité à laquelle tout être humain a droit, et une attention particulière doit être portée à celle des « personnes vulnérables du fait de l'âge ».

On me signale le bulletin[2] coordonné par Régis Aubry et Karine Lefeuvre sur ces questions éthiques. Les auteurs pointent justement l'impact de la rupture des liens, le problème du « tri », c'est-à-dire de la limitation des admissions de personnes malades aux urgences ou en réanimation, du fait de leur âge, la

1. Conseil consultatif national d'éthique.

2. « Questions éthiques soulevées dans le cadre de l'épidémie de Covid-19 concernant les personnes vulnérables du fait de l'âge, du handicap ou de l'absence de domicile fixe. »

mise en bière immédiate des personnes décédées, sans toilette funéraire, sans rituel du dernier adieu.

La question du tri des malades

Ce qui m'intéresse dans ce bulletin, c'est la réflexion éthique concernant le « tri » des personnes âgées malades. Une question douloureuse dont Vincent You m'a déjà avertie. « Nous réfléchissons à la liste des personnes éligibles à la réanimation », me dit-il. Qui enverrons-nous à l'hôpital, et qui garderons-nous ? Et devrons-nous accompagner et soigner jusqu'au bout ?

Le directeur de l'Ehpad de Confolens me dit qu'aucun de ses résidents n'est atteint du Covid-19 pour le moment, mais qu'il se prépare. Il faudra informer les résidents concernés, avec tact et mesure, ainsi que leurs proches et les professionnels, sur la nécessité de penser de façon anticipée les possibles limitations à l'admission en milieu hospitalier, et les éventuels non-engagements ou limitations de traitements actifs, voire leur arrêt.

Vincent You me rappelle que nous sommes en guerre. La mobilisation de notre système de santé se rapproche beaucoup des dispositions mises en place lors de catastrophes, pour éviter que ce système ne soit submergé. Il est clair, s'il s'agit de sauver le plus de vies possible, que l'on privilégiera les personnes jeunes dont l'état physique permet de penser qu'elles peuvent sortir vivantes de la réanimation, plutôt que d'admettre des personnes vulnérables et fragiles qui ne supporteraient pas ces soins particulièrement éprouvants.

« Il est nécessaire de rappeler qu'un tri, dans le sens qui vient d'être rappelé, peut s'imposer, mais uniquement lorsque les possibilités d'accueil sont dépassées ou susceptibles de l'être. Ce n'est pas l'âge en soi qui posera problème au séjour en réanimation, mais la fragilité ou la vulnérabilité des personnes », rappelle le bulletin de Régis Aubry, qui ajoute : « Bien entendu, on prendra à chaque fois soin de s'informer des souhaits qu'aurait pu exprimer le malade, d'éventuelles directives anticipées et, si le contexte le permet, de l'avis de la personne de confiance[1]. »

Après cette conversation avec le directeur de l'Ehpad de Confolens, je décide de m'informer sur cette question du « tri des patients », qui me semble être une barbarie absolue, dans une société aussi avancée que la nôtre.

---

1. Voir la tribune de Frédérique Leichter-Flack, « Le médecin qui trie les malades n'est pas là pour dire qui aura ou non droit à la vie, mais pour sauver le plus de vies possible » (*Le Monde*, 16 mars 2020), disponible sur :

https://www.lemonde.fr/idees/article/2020/03/16/coronavirus-la-question-du-tri-des-malades-est-un-enjeu-ethique-et-democratique-majeur_6033323_3232.html

Voir aussi le livre coordonné par Céline Lefève, Guillaume Lachenal et Vinh-Kim Nguyen, *La Médecine du tri, histoire, éthique, anthropologie* (PUF, 2014).

Qu'entend-on par « tri » ? Les services d'urgence des hôpitaux se réserveraient le droit de refuser certains patients en raison de leur âge – on parle des plus de 70 ans – et de leur état de comorbidité.

À ce sujet, je n'entends que des propos contradictoires. Certains me disent que c'est faux : aucun hôpital n'a le droit de refuser un patient sur un critère d'âge. D'autres assurent que cela se pratique. Nous sommes fin mars, et les chiffres de l'Assistance publique-Hôpitaux de Paris (AP-HP) confirment que la part des patients de plus de 75 ans dans les services de réanimation a fondu, alors que dans le même temps l'épidémie explose dans ces tranches d'âge élevé.

Je m'informe. J'apprends qu'une circulaire de l'agence régionale de santé (ARS) d'Île-de-France, datée du 19 mars, suggère de limiter fortement l'admission en réanimation des personnes les plus fragiles. « Il est possible que les praticiens sursollicités dans la durée soient amenés à faire des choix difficiles et des priorisations dans l'urgence concernant l'accès à la réanimation. »

Ces choix difficiles se font sur le critère de l'âge, de la fragilité, de l'état des fonctions cognitives, et en prenant en compte non seulement l'état de gravité clinique actuel, mais l'état de santé antérieur, les comorbidités (diabète, obésité, insuffisance cardiaque). Ils doivent être faits collégialement, dans le respect des volontés et des valeurs du patient.

Je reçois des témoignages venant du terrain. Des soignants qui vivent très mal ce « tri » des patients et le jugent discriminatoire. « On » leur dit de « se débrouiller ». C'est évidemment difficile à accepter, même si on peut comprendre que les hôpitaux soient débordés.

« Je ne supporte pas de voir mourir mes résidents, sans rien pouvoir faire ! », m'écrit une infirmière, qui travaille dans un Ehpad du Grand Est, une région très touchée. « On a eu des résidents en détresse respiratoire, qu'on n'a pas réussi à soulager. Au début, on manquait de molécules. C'était atroce. »

En lisant cette lettre, je me rends compte de la détresse qu'ont dû vivre certaines équipes. Assez vite, les établissements du médico-social ont mis en place ce qu'ils appellent le « protocole palliatif Covid », une sédation, c'est-à-dire un endormissement définitif, par injection de Rivotril. En temps normal, le recours à une sédation terminale doit se faire après une décision médicale collégiale. Dans ce contexte de panique générale, le protocole n'est pas toujours mis en œuvre par un médecin, car tous les Ehpad n'ont pas un médecin coordonateur ni une infirmière de nuit. Et les réseaux de soins palliatifs à domicile sont, eux aussi, débordés.

Il faut aller vite, pour éviter une agonie insupportable. Le protocole est alors mis en œuvre par le personnel non médical, pas formé.

Je ressens moi-même un immense malaise en lisant ce témoignage, et comprends que faire porter à des non-médecins une responsabilité pareille – il s'agit tout de même d'endormir définitivement une personne – est particulièrement lourd.

Deux mois plus tard, la lecture d'un article d'Anne-Laure Boch[1] m'éclaire sur le bien-fondé de ce « tri des patients » qui me semblait si barbare.

Elle rappelle que l'art médical consiste à évaluer le pronostic de tout traitement. Le pronostic vital, mais aussi « le pronostic fonctionnel, c'est-à-dire l'état dans lequel le patient va survivre. Surtout quand la thérapeutique est extrêmement lourde, pénible et même atroce pour le patient – et dispendieuse pour la société ». C'est le cas de la réanimation, rappelle-t-elle, un traitement extrêmement lourd. « Il ne suffit pas d'entrer en réanimation, il faut surtout en sortir ! Et, surtout, en sortir dans un état "décent". Les vieux ne se relèvent jamais de cette épreuve... La plupart restent grabataires et dépendants. »

Anne-Laure rappelle que les statistiques de survie post-réa pour des syndromes de détresse respiratoire aiguë (SDRA) sont accablantes chez les patients âgés. « Beaucoup meurent (entre 50 et

1. Anne-Laure Boch, « Oui, la France a bien trié les patients sur des critères d'âge pour entrer en réanimation », *Causeur*, 26 mai 2020.

60 %). Et la minorité qui survit garde de lourdes séquelles. Leur vie post-réa est à la fois courte et misérable (50 % meurent dans les six mois qui suivent). »

L'auteure de cette remarquable tribune fait remarquer qu'« être grabataire et dépendant, c'est exactement ce que l'immense majorité de nos citoyens ne veut pas ».

On peut juger déplorable, dit-elle, ce rejet de la dépendance, qui témoigne d'un affaiblissement des solidarités dans une « société enivrée de performance et de jeunisme. Mais c'est une réalité indubitable qui est le fait des citoyens eux-mêmes ».

Entreprendre une réanimation qui laisserait une personne « dans un état jugé majoritairement monstrueux » s'apparente donc à ce que l'on nomme aujourd'hui l'« obstination déraisonnable ».

Après avoir lutté toutes ces dernières années contre l'obstination déraisonnable, au nom de la dignité des fins de vie, reprocherait-on maintenant aux médecins de ne pas tout tenter pour sauver la vie de patients âgés atteints du Covid-19 ?

Dans sa conclusion, Anne-Laure Boch pose la bonne question. Ne reproche-t-on pas, en fait, à la médecine d'être prisonnière du critère discriminatoire de l'âge ? De ne pas assez tenir compte des particularités de chacun, des vœux de la personne ? Reprenant l'argument que j'avais moi-même développé dans ma tribune du *Figaro* le 25 mars, m'appuyant sur les travaux de

Claude Jeandel[1], l'auteure écrit : « Le vieillissement est très variable d'une personne à l'autre. Il y a des gens plus solides que d'autres ou dont l'état physiologique est très préservé pour leur âge. »

Une dignité du mourir compromise

Un long entretien téléphonique avec Dominique Monneron[2], président de la Fondation Partage et Vie, me fait prendre la mesure du drame auquel les Ehpad se préparent. Un chiffre fait peur. On parle de 100 000 morts dans ces établissements. Il faut donc anticiper. Partout, les résidents sont confinés strictement dans leur chambre. Les visites sont interdites. Dominique Monneron ne cache pas la gravité de la situation. Il sait les dégâts collatéraux que ces mesures sanitaires vont engendrer. Comment protéger sans nuire ? Comment concilier principe de précaution et respect de l'autonomie des personnes ? Ce sont des questions éthiques qu'il soulève. Il me demande de participer à une visioconférence avec plusieurs de ses directeurs d'Ehpad et leurs psychologues. Je prends conscience du dilemme qui les tiraille et les confronte

1. Pr Claude Jeandel, CHU de Montpellier, auteur d'une étude sur l'âge et la fragilité, « Le parcours de santé du sujet âgé "fragile" », décembre 2012.

2. Dominique Monneron est directeur général de la Fondation Partage et Vie, www.fondationpartageetvie.org

à des décisions qu'ils jugent inhumaines, en contradiction totale avec leurs valeurs de respect et de sollicitude.

Je rappelle alors tout le chemin parcouru ces dernières années pour que la mort des personnes âgées soit plus humaine et plus digne. Je leur raconte mon engagement. Sollicitée d'abord par des Départements – je pense notamment à la Vendée, à l'initiative de Bruno Retailleau, suivi d'Yves Auvinet –, puis par la Fondation Korian pour le bien-vieillir afin d'établir un programme de sensibilisation des directeurs d'Ehpad, de leurs psychologues et de leurs soignants, qui a abouti à un livre blanc[1] dont je suis assez fière, car il est un document de référence pour toutes les bonnes pratiques en fin de vie.

Partout, mon premier message a été celui-ci : la mort ne doit plus être un sujet tabou !

Or, ce tabou de la mort est omniprésent dans notre société. Dans des lieux de vie pour personnes âgées, qui sont aussi des lieux où ces personnes terminent leur vie, continuer à cacher la mort, à la taire, conduit à une forme de maltraitance.

Je me souviens de la courte intervention que j'ai faite en mai 2018, à Deauville, devant plus de cinq cents hommes et femmes venus pour leur convention annuelle réfléchir au « prendre soin ». Sophie Brossard,

1. *La Mort en établissement, un tabou à dépasser*, Fondation Korian pour le bien-vieillir, 2018.

présidente de Korian, m'avait demandé de leur parler de la mort. Je vois encore leur étonnement. Entendre parler de la mort, alors qu'on est venu entendre parler du « prendre soin » !

J'ai défendu l'idée qu'on ne peut prendre soin d'une personne âgée sans être prêt à aborder avec elle la question de sa finitude, car cette question occupe son esprit, non pas de façon morbide, mais naturelle. Quand on entre dans un Ehpad, on sait que c'est son dernier lieu de vie. On pense donc à sa mort, parfois on l'attend, et parfois on l'appelle, on la réclame. Et les soignants qui sont dans une proximité avec les âgés observent cette fluctuation entre la lassitude de vivre et le désir de vivre encore. Cette fluctuation, cette ambivalence, disent les psychologues, est parfaitement normale. Elle tient au fait qu'avec le temps et son usure la pensée de la mort s'impose d'elle-même, et qu'elle est souvent perçue comme une délivrance. Bref, la vie et la mort cohabitent assez paisiblement dans l'esprit des personnes âgées. Par contre, les conditions de leur mort les angoissent. On se demande comment cela va se passer, si on va souffrir, être prolongé par des traitements, être forcé à s'alimenter, si on va mourir à l'hôpital, sur un brancard. Toutes ces peurs, les personnes âgées les gardent pour elles, les expriment rarement, car elles perçoivent très bien le silence qui entoure la question, le malaise des autres, la manière de fuir le dialogue de ces jeunes soignants, qui sont victimes, comme l'ensemble de la société, du déni généralisé de la mort. Elles ont compris que c'est une préoccupation qu'il leur est bien difficile de partager, et cela renforce leur sentiment de solitude et leur angoisse. Alors elles se taisent, à moins qu'on vienne s'asseoir près d'elles, qu'on sache saisir les perches qu'elles nous tendent et qu'on leur montre que l'on n'a pas peur de parler avec elles de leur mort. Alors, à leur rythme, parfois par bribes, elles vont se confier, dire leurs craintes et leurs souhaits, et on peut recueillir ainsi, au fil des jours, des directives orales bien précieuses, pour respecter, comme la loi Claeys-Leonetti nous y oblige, leurs volontés.

J'ai rappelé à cette assemblée de jeunes directeurs et directrices d'Ehpad que vivre dignement et mourir dignement sont une seule et même chose. On ne peut pas se poser la question de la qualité des soins et de la préservation de la dignité de la personne âgée, sans se poser la question de la qualité et de la dignité de ses derniers jours ou de ses dernières semaines.

J'ai partagé avec l'assistance les témoignages que j'ai reçus, il y a quelques années, lorsque j'avais publié *Nous voulons tous mourir dans la dignité*, notamment celui d'une femme de 90 ans à qui j'avais demandé : « C'est quoi, pour vous, mourir dans la dignité ? »

Voici la réponse qu'elle m'avait faite :

> « Je voudrais une mort apaisée, dans mon lit à moi, pas à l'hôpital. Je voudrais qu'on soit autour de moi et

qu'on me dise des mots d'amour, qui me donnent la force de mourir, qu'on me touche avec des gestes doux et calmes, qu'on me laisse glisser dans la mort sans me forcer à manger si je n'en ai plus envie. Je veux sentir la vie autour de moi, les enfants bouger, les gens parler, et, si je souffre, qu'on me donne ce qu'il faut pour que je n'aie plus mal. C'est ça, pour moi, mourir dans la dignité[1]. »

Cette très vieille dame ne demandait pas l'euthanasie ni une aide pour se suicider. Non, elle demandait quelque chose que notre loi permet : ne pas souffrir, ne pas être « prolongée », ne pas être seule. Et savoir que la loi française protège ce droit à l'accompagnement rassurait cette personne. Cela l'apaisait. Savoir qu'elle pourrait dire, le jour venu :

> « Maintenant, je me sens lasse, je me sens au bout de ma route, je vais me laisser glisser doucement vers la mort, et je vous demande de me laisser dans mon lit, de ne pas m'abandonner, de veiller à ce que je ne souffre pas, et de m'entourer d'affection. »

Savoir cela lui permettait de rester vivante et de vivre ses dernières années ou ses derniers mois sereine.

Ainsi ai-je conclu cette convention sur le « prendre soin » par le rappel que le soin ne peut être

---

1. Marie de Hennezel, *Nous voulons tous mourir dans la dignité*, *op. cit.*, p. 15.

uniquement technique. Il doit être humain. Il ne peut être séparé de la rencontre avec l'autre, avec la personne et ses souffrances les plus secrètes. Or, la souffrance de ne pouvoir confier ses pensées, ses peurs ou ses souhaits concernant la fin de sa vie fait partie de ces souffrances secrètes.

Sensibiliser, voire former, les personnels des Ehpad à un accompagnement de la fin de vie, digne de ce nom, m'a semblé, toutes ces dernières années, être une priorité.

Cette formation s'est faite de manière très hétérogène. Elle dépend, la plupart du temps, de la culture du médecin coordonnateur ou du directeur d'Ehpad, qui va donner ou pas l'impulsion au reste de l'équipe. Cela explique qu'il y ait des lieux dans lesquels la formation à la culture palliative fait partie du projet de l'établissement, et d'autres dans lesquels aucune réflexion n'a été menée sur les bonnes pratiques.

Pourtant, avec la loi Claeys-Leonetti, obligeant les établissements à recueillir les directives anticipées et la désignation de la personne de confiance, ces derniers pourraient se saisir de cette obligation de respecter la loi, pour s'enquérir des volontés de leurs résidents. On m'a souvent rétorqué que « les vieux » ne sont plus en mesure d'exprimer par écrit, ou même lors d'un entretien oral, ce qu'ils souhaitent pour eux-mêmes. Pourtant, certains soignants que je connais, en contact quotidien avec eux, sont attentifs à ce qu'ils expriment, à mots couverts parfois, lors de moments informels, comme les repas ou les toilettes, ou même à l'occasion du décès d'un autre résident. Certains soignants m'ont même confié qu'ils consignaient ces volontés orales – « je sens que je n'en ai plus pour longtemps », « je ne veux pas aller à l'hôpital », « je ne veux pas que ça traîne » – dans un petit carnet, pour en témoigner le jour venu.

J'ai été très sensible à l'une des conséquences délétères du déni de la mort dans certains établissements. Je veux parler du silence qui entoure le décès d'une personne et de l'absence de rituels au moment de son décès.

La disparition d'un résident semble alors être un « non-événement ». Il n'est parfois même pas annoncé aux autres résidents ; on imagine le désarroi des compagnons de vie avec lesquels le défunt partageait ses repas ou des animations. Ceux qui restent ont l'impression que leur existence n'a plus d'importance pour personne. Quant aux soignants, si aucun rituel ne leur permet d'exprimer leurs émotions à la suite d'un décès qui a pu les toucher, si aucun signe ne symbolise la perte d'une personne à laquelle ils ont pu s'attacher, ils ont souvent l'impression de perdre une part de leur humanité.

Dans mes formations, j'ai donc insisté pour que le décès d'un résident soit marqué d'une manière ou d'une autre : un petit message à destination des autres résidents, une bougie, un lieu pour se recueillir ; voire, même, une cérémonie du type de celle de la haie d'honneur[1], mise en place dans certains établissements, qui permet une sortie digne du corps du défunt en présence des résidents, des professionnels et des familles. De la même manière, une réunion annuelle entre ces différents acteurs, en dehors de tout contexte de décès, paraît tout à fait essentielle pour insuffler une culture palliative au sein de l'établissement dans son ensemble. Il importe que la mort ne soit plus un sujet tabou, mais un processus tout à fait naturel dont il faut pouvoir parler.

Mon lecteur comprendra que, lorsque j'ai eu vent des plaintes des familles et des soignants concernant le contexte « inhumain » dans lequel mouraient les résidents pendant le confinement, j'ai su que nous vivions une régression terrible. Tous les efforts mis en place par de « bonnes pratiques » en fin de vie étaient en passe d'être brutalement balayés.

1. Voir le passage concernant la haie d'honneur, p. 101 à 104.

Soignants et familles en plein désarroi

Un cauchemar d'inhumanité

Je décide alors de me mettre à la disposition de plateformes de soutien psychologique. Je connais bien le président de l'AD-PA[1], Pascal Champvert qui me propose d'intégrer la sienne. « Les directeurs sont pris de court, me dit-il, n'ont aucun moyen de protéger leur personnel, et n'ont pas d'autre choix que d'imposer un confinement strict à leurs résidents. » Quelques directeurs et directrices m'appellent. Je les sens très démunis. Leur crainte est que le virus fasse irruption au sein de l'Ehpad et que « le feu prenne ». Bien qu'il n'y ait aucun fondement juridique à l'interdiction des visites faites aux familles et qu'il s'agisse juste d'une préconisation, les directions d'Ehpad imposent toutes sévèrement cette interdiction.

1. Association des directeurs au service des personnes âgées (anciennement Association des directeurs d'établissements d'hébergement pour les personnes âgées [ADEHPA]).

Les soignants sont confrontés à une situation qu'ils qualifient eux-mêmes de « cauchemar d'inhumanité ».

Je suis avec intérêt le « journal du confinement » d'une infirmière d'un Ehpad de Saint-Ouen, Ève Guillaume[1]. Elle parle d'un « cauchemar collectif », d'une épidémie qui condamne les soignants à l'inhumanité. Des soignants qui « pleurent des larmes d'impuissance ».

Ce sont ces soignants que l'on applaudit tous les soirs à 20 heures depuis les balcons du confinement. La France entière est en train de réaliser que notre système de santé repose sur eux. Et qu'il serait grand temps de reconnaître le travail qu'ils font, et de le valoriser.

J'en connais quelques-uns, et je suis sensible à leur cause, depuis l'enquête que j'ai réalisée avec mon livre *Le Souci de l'autre*[2] sur l'humanité des soins à l'hôpital, qui a reçu le prix Livre et Droits de l'homme de la Ville de Nancy.

Les soignants ne font pas ce métier sans une bonne dose d'humanité. Je comprends donc à quel point les mesures qu'ils doivent appliquer les perturbent. J'entends la souffrance des aides-soignants dans les Ehpad. Certains expriment le sentiment d'avoir été abandonnés par l'État. Ils viennent travailler

---

1. Ève Guillaume, directrice de l'Ehpad Lumières d'automne à Saint-Ouen (Seine-Saint-Denis), a tenu un journal du confinement pour Le Media Social.

2. Marie de Hennezel, *Le Souci de l'autre*, Pocket, 2004.

sans masques ni matériel de protection, au risque de contaminer ou d'être contaminés. L'angoisse est permanente. Des alertes en direction des agences de santé restent parfois sans réponse. Ils se sentent livrés à eux-mêmes : « Débrouillez-vous ! »

J'entends le dilemme de certains soignants : « Prendre le risque d'attraper le Covid-19 et de contaminer mon mari et mes enfants ? Ou rester confinée chez moi, mais avec la mauvaise conscience de laisser tomber mon équipe ? »

L'angoisse se déploie à tous les niveaux. Angoisse d'assister impuissants à la détresse des personnes âgées bousculées dans leur quotidien, interdites de sortie, coupées de leur famille. Angoisse d'être confrontés à la tristesse infinie, la culpabilité, la colère de certaines familles interdites de visite. Et puis cette culpabilité immense de ne pouvoir accompagner avec humanité ceux qui meurent seuls, loin de leurs proches, de devoir assister impuissants à des agonies parfois douloureuses.

La situation est tout aussi violente dans les services de réanimation. J'entends encore cette infirmière, en larmes, qui vient d'annoncer à son patient qu'elle va l'endormir pour toujours. Elle n'oubliera jamais, me dit-elle, son dernier regard plein d'angoisse ni ses derniers mots : « C'est ça, ma mort ? Mourir seul, sans ma femme et mes enfants à mes côtés ? »

Oui, les mots des soignants disent l'insupportable.

La seule pensée qu'un résident puisse mourir étouffé les révulse. Je me rends compte que tous les établissements du médico-social ne sont pas logés à la même enseigne. Certains n'ont même pas de médecin coordonnateur. Et ceux qui en ont un me font savoir que celui-ci est confronté à une situation inédite. Si un résident est atteint d'une forme grave du virus, avec atteinte des poumons et détresse respiratoire, le médecin n'a pas toujours les moyens de le soulager, de l'empêcher d'étouffer. J'apprends que les molécules manquent, qui permettent de sédater, d'endormir la personne pour lui éviter de mourir dans les affres de l'agonie. Le midazolam et le Rivotril ne sont plus disponibles, me dit-on. J'imagine leur angoisse. Je me dis que tous les efforts que nous avons faits ces dernières années pour une « mort dans la dignité » sont réduits à peu de chose. Dans les zones les plus touchées par le virus, les réseaux de soins palliatifs sont débordés.

J'imagine aussi le désarroi d'un personnel qui, se trouvant le proche d'un mourant, ne peut même pas suivre les mouvements de son cœur, lui prendre la main, rester présent. Certains me disent que c'est insupportable de ne pouvoir « être humain ». Ils me disent que cette personne pourrait être leur grand-mère ou leur grand-père. Ils aimeraient apporter un peu d'amour et de douceur. Tout est si violent. Comme ce geste qui suscite chez eux un haut-le-cœur : devoir placer – certains m'ont même dit « jeter » – le cadavre dans une housse, sans toilette mortuaire préalable, puis dans le cercueil pour une mise en bière immédiate.

La mise en bière immédiate

Les soignants dont je recueille les témoignages sont unanimes. C'est, sans aucun doute, le devoir de mise en bière immédiate qui est le plus dur à supporter.

« Vous rendez-vous compte, me dit une aide-soignante travaillant dans un Ehpad d'Île-de-France, que, dès que la personne ferme les yeux pour toujours, nous, nous devons "balancer" son corps dans une housse, sans même accomplir ce rite auquel nous tenons tant : la toilette mortuaire ? »

Le récit de cette soignante me glace. J'entends autour de moi bien des contestations de cet interdit. A-t-on des preuves de la contagiosité d'un visage que l'on contemple de loin, lorsqu'on est à 1 mètre du cercueil, et que l'on porte un masque ? Lorsqu'on s'abstient d'embrasser le mort et de le toucher ? Non ! Nous n'avons aucune confirmation, car jusqu'à preuve du contraire la contagion se fait par transmission de gouttelettes de salive. C'est bien la peur, qui a eu raison de l'humain et qui a dicté cet interdit aberrant.

La mise en bière incombe, en temps normal, aux pompes funèbres. On peut comprendre qu'elle soit un supplice pour les infirmières. Habituées à rendre un dernier hommage au corps d'une personne dont elles ont pris soin, elles ne peuvent se résoudre à abandonner ce rituel de la toilette qui représente pour elles la phase ultime de l'accompagnement d'une personne, et « balancer » le corps – pour reprendre l'expression de l'une d'entre elles – dans une housse. Un geste douloureux et violent.

Je conçois aisément l'incompréhension des soignants. Quel sens cela a-t-il de leur interdire la toilette mortuaire du défunt, lorsqu'ils continuent à faire la toilette du résident vivant atteint du Covid-19 ? Pourquoi établir une différence entre la toilette avant et après la mort ? Le résident atteint du Covid-19 serait-il plus contagieux une fois mort ?

Je me souviens alors de la manière dont Chantal, l'infirmière de nuit de la première unité de soins palliatifs parisienne, accomplissait cet ultime rituel de la toilette mortuaire. Elle avait d'ailleurs témoigné, dans un article d'une revue québécoise[1], du sens qu'elle donnait à ses gestes pleins de tendresse, de respect, de sollicitude. « Je touche le visage comme s'il était encore vivant, je le maquille avec ce que je trouve dans la trousse de toilette de la personne, j'accomplis ce dernier rituel comme un hommage à la personne que j'ai accompagnée. »

Je sais, pour avoir souvent observé le travail de Chantal, qu'elle réussissait, par ses gestes doux et tendres, à redonner au visage une sérénité et une

1. Dans la revue *Frontières*, en 1988.

beauté dans la mort. Je l'interrogeais : « Comment fais-tu ? – Je crois que l'âme de la personne est toujours là. Pour moi, le visage, c'est le reflet de cette âme, et je ne m'étonne pas si le visage se détend sous mes mains. »

On pourra trouver ce témoignage un peu étrange, mais les familles en deuil lui étaient reconnaissantes de leur présenter un visage qui semblait dormir.

La mise en bière immédiate, sans toilette mortuaire, est donc violente pour les soignants contraints à des gestes qui vont à l'encontre de leurs valeurs. Elle est violente pour les proches qui ne peuvent venir constater la mort ni accomplir le rituel de « l'adieu au visage ».

Au moment où je boucle l'écriture de ce livre, je découvre cet article du *Figaro*[1] sur Caroline Fiat[2], députée La France insoumise, qui a servi dans un service de réanimation Covid-19 au CHU de Nancy : « Elle a mis le "monsieur" dans la housse mortuaire et s'est dit que l'éthique, c'était devenu "n'importe quoi". "Ça m'a choquée. Je ne voulais pas porter la responsabilité d'être la dernière personne à voir son visage." Alors, un peu avant de remonter la fermeture, Caroline Fiat s'est sentie obligée de parler au défunt :

---

1. Pierre Maurer, « Caroline Fiat, une aide-soignante à l'Assemblée », *Le Figaro*, 30 juillet 2020.

2. Caroline Fiat, aide-soignante pendant sept ans en Ephad, puis élue députée de La France insoumise en Meurthe-et-Moselle, a réintégré en volontariat le CHU de Nancy, en avril 2020.

“Pour lui expliquer que sa famille ne pouvait pas venir à cause du coronavirus.” La députée aide-soignante en a longtemps fait des cauchemars, elle le voyait. “C'est ignoble. On ne fait même pas ça à un animal.” »

« Ce fut le dossier le plus difficile à gérer. Ne pas laisser la possibilité à la famille de voir une dernière fois son père ou sa mère, dans des conditions de décence minimales, sera la grande fracture de cet épisode[1] », écrit Florence Arnaiz-Maumé, qui sait que les rituels de l'adieu au visage et le constat de la mort jouent un rôle déterminant dans la résolution du deuil.

Mesure-t-on les dégâts collatéraux de cet interdit ? La souffrance difficilement supportable des familles ? A-t-on seulement imaginé un rituel qui permette au moins d'atténuer un peu cette douleur, comme prendre une photo du défunt sur son lit de mort ? Je sais que, dans certains Ehpad et services hospitaliers ayant une culture humaniste bien ancrée, ce genre de palliatif a été proposé. Et cela les honore.

---

1. Extrait de la lettre adressée à Édouard Philippe et à Olivier Véran, le 10 avril 2020, par Florence Arnaiz-Maumé, déléguée générale du Syndicat national des établissements et résidences privés pour personnes âgées (Synerpa).

Rigidité du protocole funéraire

J'essaie de comprendre comment on a pu imposer à des soignants un geste qui relève des opérateurs funéraires.

Le 1er avril, en effet, un décret interdit la toilette mortuaire et les soins de conservation dans les Ehpad. Il impose que le corps soit déposé immédiatement dans une housse étanche hermétiquement close, puis dans un cercueil fermé. Cette rigidité du protocole funéraire entraîne une levée de boucliers dans les maisons de retraite, qui le trouvent « inutilement inhumain ».

J'entends régulièrement, dans les émissions de télévision que je regarde le soir, les représentants des Ehpad s'ériger contre un protocole funéraire jugé extrêmement sévère. Je sais qu'en coulisse ils pèsent de tout leur poids pour son assouplissement.

J'apprends alors que depuis le 24 mars, estimant que les prescriptions initiales étaient « maximalistes » au regard des traumatismes pour les familles, le Haut Conseil de la santé publique (HCSP) est revenu sur ses premières recommandations, préconisant dans un second temps un cadre plus souple. Notamment l'ouverture de la housse sur 5 à 10 centimètres, pour permettre aux familles de voir le visage du défunt, avec une distance de sécurité de 1 mètre.

« Il fallait trouver une position juste et éthique, en fonction des connaissances scientifiques et de l'évolution de la maladie à l'instant *t*, entre la détresse des familles qui devaient pouvoir voir le corps du défunt et la prise en compte de la protection du personnel et des soignants, lors des manipulations du corps », explique le Pr Jean-François Gehanno[1].

Mais le mal était fait. Car la note du ministère de la Santé, en date du 27 mars, recommandant cet assouplissement du cadre ne figure pas dans le décret du 1er avril.

Que s'est-il passé ?

Trois fédérations patronales des opérateurs funéraires, dont la Confédération des pompes funèbres et de la marbrerie (CPFM), ont mené une campagne auprès du gouvernement pour faire valoir la nécessaire protection de leur personnel, en première ligne, et donc particulièrement exposé à la contamination. Ils ont écrit au Premier ministre pour se plaindre de l'assouplissement préconisé par le Haut Conseil de la santé publique ; et ils ont eu gain de cause.

Il faut dire, à la décharge des opérateurs du funéraire, qu'ils ont dû remuer ciel et terre pour obtenir des masques qu'ils n'avaient toujours pas reçus le 17 mars, alors qu'ils figuraient comme « profession prioritaire » pour la distribution d'équipements de protection. Il y a donc eu un réflexe de peur devant un risque de contamination jugé très élevé.

---

1. Le Pr Jean-François Gehanno est corédacteur, avec le Pr Didier Lepelletier, de l'avis du HCSP.

Le 1er mai 2020, un décret a fini par prendre en compte l'avis controversé[1]. Le texte mentionne la possibilité pour les familles de « se voir présenter, à leur demande, le visage de leur proche par une ouverture de 5 à 10 centimètres de la housse mortuaire, avant la mise en bière et la fermeture du cercueil, qui doivent intervenir dans les vingt-quatre heures ».

Les familles peuvent donc, à partir du 1er mai – soit deux mois plus tard –, accomplir le rituel de l'adieu au visage, en chambre mortuaire ou hospitalière, mais pas dans un funérarium. « C'est un compromis qui a pris en compte la pression des familles et les demandes des opérateurs funéraires », a-t-on dit au ministère de la Santé.

J'apprends que, dans le même temps, d'autres opérateurs funéraires ont agi avec plus de souplesse et d'humanité.

Dans *Le Monde,* je lis que Philippe Martineau, responsable du réseau coopératif Le Choix funéraire, avoue qu'avant le 1er mai « quand une famille demandait de voir le visage de son proche, nous le faisions, car ce n'était pas interdit[2] ». En fait, ce responsable

1. Avis du Haut Conseil de la santé publique du 24 mars 2020, « Coronavirus SARS-CoV-2 : prise en charge du corps d'un patient cas probable ou confirmé COVID-19 ».

2. Rémi Dupré et Béatrice Jérôme, « Bataille politique autour de la rigidité du rite funéraire à l'heure du Covid-19 », *Le Monde*, 5 juin 2020.

funéraire reconnaît que, si les opérateurs du funéraire n'autorisaient pas ce rituel pourtant si important pour les familles, c'était plus pour se protéger eux-mêmes. Car l'interdiction d'ouvrir les housses n'était mentionnée nulle part dans le décret du 1er avril 2020.

De même, Xavier Thoumieux, gestionnaire du crématorium du Père-Lachaise, à Paris, dit avoir fait partie de ceux qui ont plaidé auprès de l'État afin que soit maintenue la possibilité pour les familles d'être présentes dans les crématoriums. « Si beaucoup d'établissements ont fermé ces cérémonies durant la crise, de notre côté, nous avons tenu à maintenir des recueillements, ce qui nous a permis d'accueillir cinq personnes au plus fort de la crise quasiment partout, puis vingt assez rapidement[1]. »

Comment aider ces soignants ?

Consciente du drame humain qui se joue dans les maisons de retraite, du lourd prix à payer pour le personnel condamné à une forme d'inhumanité, assistant impuissant à des agonies qu'il ne peut accompagner, à des pratiques qui le révulse, comme la mise en

1. Xavier Thoumieux et Thierry Gisserot, patrons de Funecap, gestionnaire du crématorium du Père-Lachaise, racontent l'impact du Covid-19 sur les rites funéraires dans un entretien avec Béatrice Jérôme, « Au Père-Lachaise, nous avons dépassé les 1 000 crémations par mois » (*Le Monde*, 5 juin 2020).

bière immédiate, ou au refus qu'il doit opposer aux familles, je m'interroge sur ce que l'on pourrait faire.

Aude Letty, de la Fondation Korian pour le bien-vieillir, soucieuse de pallier dans l'urgence la détresse des soignants, m'invite à une visioconférence avec quelques médecins et psychologues des établissements Korian. Nous avons travaillé, Aude et moi, à un protocole de bonnes pratiques en fin de vie et nous nous demandons comment renforcer ce qui a été mis en place, comment adapter les bonnes pratiques à la situation exceptionnelle du Covid-19, en liaison avec les familles.

Des protocoles de soutien aux soignants sont mis en place. Le classique « groupe de parole », qui permet d'exprimer ses émotions et de prendre une certaine distance, ne fonctionne pas.

Cela m'est confirmé par Pascal Champvert. Les soignants, me dit-il, sont « en guerre ». Ils sont « au feu ». Ils sont entièrement engagés dans l'action, ils courent de droite à gauche, sont d'autant plus sollicités que les familles sont absentes et que des collègues sont en arrêt-maladie. Ils n'ont tout simplement pas le temps de s'occuper d'eux, de prendre le temps de réfléchir en équipe avec un psychologue. Même les entretiens individuels proposés grâce à la ligne Écoute & Stimulus, fonctionnant sept jours sur sept, n'ont pas beaucoup de succès. Il faudra, me dit-il, tenir compte de ce surmenage après le confinement. Leur permettre de souffler, de prendre des vacances.

Dans un second temps, leur proposer de se réunir pour tirer les leçons du Covid-19, exprimer ce qu'ils ont vécu. Quant aux directions des Ehpad, elles disposent aussi d'une ligne d'écoute dédiée. Elles ont la possibilité de se faire aider, mais peu l'utilisent. On sent une frilosité.

Nous réfléchissons à d'autres moyens de venir en aide. Peut-être en leur proposant quelques pratiques d'accompagnement d'urgence, qui permettent d'atténuer à la fois la douleur des familles séparées de leur proche mourant et celle du mourant lui-même. Nous pensons suggérer aux équipes de recueillir les dernières paroles des résidents mourants, afin de les transmettre à leur famille, ou encore de prendre – si la famille la réclame – une dernière photo de la personne sur son lit de mort. Nous pensons aussi proposer une trame de dialogue, pour que les soignants ne se sentent pas trop démunis face aux questions que peuvent leur poser des personnes en fin de vie. Les soignants des Ehpad n'ont pas tous reçu une formation à l'accompagnement du mourir. Ils ne savent pas quoi dire, quoi répondre, quelle attitude avoir.

Aude Letty me transmet donc quelques-unes de ces questions. Je tente alors une sorte de « formation d'urgence », en répondant par écrit. Ce sont les questions types que leur posent les résidents lorsqu'ils sentent leur mort venir, qu'ils commencent à lâcher prise, à cesser de s'alimenter. Ces questions, ils les posent à l'occasion des toilettes ou lorsqu'on leur apporte leur repas. Les soignants se sentent souvent démunis.

Ainsi, que répondre lorsqu'une personne vous demande, dans un souffle, si elle va mourir ? Il me semble que la première chose à faire est de prendre au sérieux cette question, de marquer un temps d'arrêt, si possible de s'asseoir ne serait-ce que quelques minutes au chevet de la personne, pour lui signifier que l'on est disponible, qu'on l'écoute. Et de lui renvoyer la question : « Vous sentez que vous allez mourir ? » C'est une façon de dire à l'autre que l'on est prêt à parler avec lui de sa peur de mourir ou de son envie de mourir. Les personnes âgées qui pressentent leur mort testent ainsi leur entourage.

« Pouvez-vous m'aider à mourir plus vite ? » est aussi une question que les soignants entendent souvent. Elle témoigne à la fois de la crainte d'être abandonné au moment de la mort et du besoin d'être rassuré sur le fait que « ça ne durera pas longtemps ». Trop souvent les soignants prennent la fuite devant une telle question, et se retranchent derrière la psychologue ou le médecin.

Je pense que, lorsqu'un établissement a une « culture palliative », tout membre du personnel interpellé sur cette culture doit pouvoir répondre. C'est ce qu'on appelle un « ethos d'équipe ».

Je propose donc une réponse de ce type : « Vous savez, si vous ne voulez pas que ça dure trop longtemps, on ne fera rien pour vous prolonger. On va simplement vous accompagner pour que vous ne vous sentiez pas seul, prendre soin de vous. Ce qui va vous aider à mourir plus vite, c'est de vous laisser glisser doucement, et paisiblement, et de vous éteindre comme une petite bougie. »

Parfois, les personnes demandent combien de temps il leur reste à vivre.

Lorsque je travaillais en soins palliatifs, j'ai assisté à l'entretien d'un médecin avec une jeune femme atteinte d'un cancer en phase terminale. Cette dernière lui a posé franchement la question : « Combien de temps me reste-t-il à vivre ? » Je vois encore le docteur s'asseoir, prendre la main de cette jeune patiente, et lui expliquer l'histoire de sa maladie. Je l'ai entendu lui dire qu'il n'avait plus les moyens médicaux de la guérir, mais que cela ne voulait pas dire pour autant qu'il ne lui restait pas encore de temps à vivre. « Ce temps vous appartient, c'est votre secret. Personne ne peut vous dire qu'il vous reste six mois ou deux ans. Pendant ce temps dont j'ignore la durée, je prendrai soin de vous, pour que vous ne souffriez pas et que vous restiez vivante jusqu'au bout. » La jeune femme a compris. Elle a remercié le médecin. Elle a vécu trois mois, pendant lesquels elle a dit au revoir à toute sa famille et à ses amis.

Les résidents mourants des Ehpad demandent parfois à leur infirmière : « Quand je mourrai, est-ce que je vais m'en rendre compte ? » Je conseille aux soignants de demander d'abord à la personne comment elle aimerait mourir. Dans son sommeil ou, au contraire, « les yeux ouverts[1] ». Personnellement, lorsqu'on me posait cette question, je répondais : « Faites confiance à ce qui, *en vous*, veut mourir de cette façon-là. » Est-ce un effet du hasard ? Mais, toujours, les personnes qui souhaitaient mourir dans leur sommeil s'éteignaient doucement en dormant. Celles qui voulaient « mourir les yeux ouverts » restaient conscientes presque jusqu'au bout.

« Est-ce que je vais avoir mal ? » Ce type de question témoigne de la grande peur de souffrir au moment de la mort. Il est vraiment important, même lorsque l'on n'est pas médecin, de rassurer. « Nous ferons très attention à ce que vous n'ayez pas mal et que vous puissiez vous éteindre comme une petite bougie, tout doucement. »

« Que vont devenir mes enfants ? » ou « Que va devenir ma femme ? », ou bien encore « Je ne veux pas que mes proches s'inquiètent, pouvez-vous ne rien leur dire ? ». Celui qui sent sa mort proche exprime alors l'angoisse qu'il éprouve pour ceux qu'il laisse derrière lui. C'est d'abord l'occasion de dire que « ne rien dire » – ce qui est une forme de déni – ne peut qu'accroître l'angoisse du proche. Il vaut toujours mieux dire les choses, mais avec tact. C'est enfin l'occasion pour le soignant, qui reçoit cette question, d'encourager la personne à écrire ou à enregistrer un

1. Marie de Hennezel, *Mourir les yeux ouverts*, Pocket, 2007.

mot, un testament spirituel, un message pour ceux qui restent. Je sais à quel point cet acte d'écrire, ou de parler, à celui qui va survivre, peut aider ce dernier dans son deuil.

Détresse des familles

Ce que les familles de personnes gravement malades ou de personnes âgées vulnérables ont vécu, dans le cadre du Covid-19, a été particulièrement grave.

Elles ont d'abord appris que les visites seraient interdites, puis que si leur parent âgé venait à mourir elles ne pourraient venir lui dire au revoir, ni l'accompagner dans ses derniers instants, ni veiller son corps.

Elles ont appris en même temps que les professionnels de santé que la veillée mortuaire n'aurait pas lieu et qu'elles ne pourraient pas accomplir l'« adieu au visage », puisque la mise en bière serait immédiate. Les funérailles auraient lieu à la sauvette, avec une ou deux personnes autorisées, et ne pourraient être l'occasion d'un rassemblement familial et amical, comme il est de tradition de le faire, depuis la nuit des temps, et partout dans le monde.

Même si elles ont compris les raisons sanitaires de ces décisions, elles en ont ressenti la brutalité et se sont inquiétées de la manière dont leur parent malade, âgé, fragile, parfois à l'extrême, pouvait vivre une telle rupture de lien. Se mettre en pensée à la place d'un parent malade ou très âgé, seul dans sa chambre, coupé des siens, a été pour certains une véritable torture psychique.

Même si, dans beaucoup d'établissements, le personnel s'ingénie à trouver les moyens de maintenir le lien entre le confiné et sa famille, grâce aux tablettes qui permettent aujourd'hui de voir et d'entendre à distance, nous savons que tous les vieux ne sont pas sensibles aux technologies modernes. Certains ne voient plus, n'entendent plus. Seule la proximité d'une présence tactile leur fait du bien.

Les effets de la rupture des liens sont immédiats. Dépression, repli sur soi, envie de se laisser mourir. N'oublions pas que ce sont les familles qui aident à nourrir leurs parents âgés, surtout lorsqu'ils ont des troubles cognitifs. Ce sont elles, souvent, qui aident à la mobilisation pour éviter de demeurer en décubitus ou de rester au fauteuil trop longtemps. On imagine l'état physique et psychologique dans lequel ces personnes se trouvent après trois mois de confinement !

Une levée de boucliers de toutes parts, pour dénoncer l'inhumanité de ces mesures, aboutit à un assouplissement. Les établissements autorisent finalement la visite très encadrée d'un membre de la famille à la fois, et l'accompagnement des résidents en fin de vie par un ou deux proches.

Mais au moment du déconfinement général, au moment où le Premier ministre annonce la liberté pour tous les Français, au lieu d'ouvrir leurs portes, la plupart des établissements les gardent fermées. Ils ont manifestement peur que le virus ne fasse intrusion et que la situation ne soit plus contrôlable. Alors, au motif de protéger, on prive de liberté.

Il y a un décalage entre les annonces politiques et la réalité de terrain. Les vieux restent les « oubliés du déconfinement ». Et les familles constatent avec colère les effets désastreux de l'isolement imposé à leur parent âgé.

Je lis qu'une femme qui n'a pas revu son mari, atteint de la maladie d'Alzheimer, depuis trois mois, se contentant d'une entrevue sur Skype une fois par semaine, se plaint de voir sur son écran d'ordinateur un homme aux yeux absents, ne la reconnaissant plus : « Le lien entre nous est cassé, j'ai disparu pour lui », soupire-t-elle.

Dans son article[1], Emmanuelle Souffi témoigne, elle aussi, de la souffrance de ces vieilles personnes qui se sentent prisonnières, qui veulent en finir. Elles ne veulent pas voir un « psy », elles veulent voir leurs enfants. La journaliste écrit : « Le 19 avril, quand Édouard Philippe annonce qu'un droit de visite sera accordé, les familles se sont senties soulagées. En

1. Emmanuelle Souffi, « La solitude des seniors en Ehpad : un risque d'avoir "autant de décès causés par la solitude que par le Covid" », *Le Journal du dimanche*, 1er juin 2020.

réalité, les Ehpad ne se sont qu'à peine entrouverts.» Elle décrit les conditions dans lesquelles les visites sont autorisées : «Trente minutes (tous les quinze jours), après avoir pris sa température, revêtu une blouse, surblouse et masque, séparés par deux tables et en présence d'un membre du personnel. Pas le droit d'apporter livres ou gâteaux.» Comment, dans ces conditions, apporter un peu de chaleur humaine? Impossibilité de serrer dans ses bras cette vieille mère, ce vieux mari, pour qui le lien affectif compte bien plus que cette pauvre vie de reclus! J'apprends qu'une pétition de 22 000 signatures a été lancée pour dénoncer ces «mesures drastiques et cruelles de confinement».

Une des aidantes que je suis depuis le début du confinement pour un soutien psychologique au téléphone me dit son désarroi. Elle voudrait pouvoir aller chercher sa mère, qui est en grave dépression, et l'emmener pour le week-end dans sa maison. Elle se demande si celle-ci peut vivre encore longtemps. Elle la sent si triste, si découragée. Pourra-t-elle la sortir pour un week-end? Je lui assure que, légalement, rien ne le lui interdit. Je répète : tout le monde est déconfiné, quel que soit l'âge. Forte de ce que je viens de lui dire, elle prend contact avec le directeur de l'Ehpad où sa mère réside. Elle parlemente. On finit par lui accorder «à titre exceptionnel», me dit-elle, le droit d'emmener sa mère quelques jours chez elle.

D'autres familles fulminent. Les établissements autorisent l'accès aux chambres des résidents aux coiffeurs, aux soignants intérimaires, aux bénévoles, équipés et masqués, mais pas à leurs proches ! Une telle incohérence dans les mesures sanitaires est incompréhensible pour les familles.

Plus j'interroge autour de moi, plus je me rends compte qu'il y a des absurdités dans les recommandations de l'État, relayées par les ARS.

Les proches de personnes malades, mourantes, ont donc vécu des situations dont on a peine à imaginer la douleur. Ils se sont sentis coupables et responsables de cette situation, imaginant le chagrin, le sentiment d'abandon de leur parent. La culpabilité, nous le savons, est souvent à la source des réactions d'agressivité. On agresse les autres, les responsables d'établissement, les équipes médicales ou médico-sociales. Ou bien on retourne cette agressivité contre soi-même. Beaucoup de psychologues, comme moi, s'inquiètent des traces profondes que laissera cette culpabilité dans l'âme de ceux qui l'éprouvent.

J'ai reçu beaucoup de témoignages et, parmi ceux-ci, je voudrais en citer deux, qui illustrent des expériences différentes : « Je m'en veux beaucoup d'avoir laissé ma mère partir toute seule, sans avoir pu lui dire au revoir, d'avoir appris que son corps avait été jeté dans un sac, puis mis dans un cercueil qui a été amené dans un hangar à Rungis. Je n'ai pas pu l'accompagner ni assister à ses obsèques », dit cet homme de 60 ans qui ne se remet pas de cette histoire, qui s'est déroulée dans les tout premiers temps du confinement. Il éprouve une colère dont la violence est à la hauteur de celle qu'il a ressentie. Il n'arrive pas à se pardonner d'avoir abandonné cette mère.

« La directrice de l'Ehpad où ma mère s'est éteinte du Covid m'a appelée quand elle a senti que ma mère allait mourir. Elle m'a autorisée à venir. Quand j'ai vu ma petite maman si frêle dans son lit, avec ses grands yeux fixés sur moi, je n'ai pu résister. Je me suis approchée et je l'ai prise dans mes bras. J'ai vu que la directrice me faisait signe de reculer, mais je suis restée là, serrant ma mère contre moi. J'ai vu que la directrice avait des larmes dans les yeux. Elle m'a laissée dire au revoir. Puis elle m'a fait signe de me retirer. Sur le pas de la porte, elle m'a dit qu'elle n'avait pas eu le cœur de m'empêcher. Je l'ai remerciée. Je n'ai pas attrapé le Covid, et aujourd'hui je suis infiniment reconnaissante à cette femme pour son humanité. »

Ces deux témoignages illustrent deux vécus bien différents, mais sont représentatifs de centaines de situations similaires. Les proches qui n'ont pas pu accompagner, dire au revoir à un parent mourant, éprouvent une culpabilité douloureuse, un chagrin profond. Ceux qui, pour une raison ou une autre, ont pu braver l'interdiction des visites, dire les mots, parfois accomplir les gestes qu'ils sentaient devoir faire, sont plus apaisés.

L'au revoir interdit

Je suis particulièrement sensible au chagrin des familles qui n'ont pas pu venir accompagner les derniers instants de leur parent mourant.

Mon ouvrage *La Mort intime*[1] avait pour objectif de faire prendre conscience de l'importance des adieux pour boucler la relation avec celui qui va mourir et pour préparer un deuil plus serein.

À l'époque, j'avais découvert le superbe texte de Michel de M'Uzan, « Le Travail du trépas[2] », dans lequel il montre que le mourant peut faire preuve d'une « appétence relationnelle » tout à fait surprenante, alors même qu'il est aux portes de la mort. Ce regain d'énergie est au service d'une dernière tâche, qu'il nomme précisément le « travail du trépas ». Il s'agit d'aller au bout de sa relation avec autrui. De déposer quelque chose de soi chez l'autre, l'autre aimé, l'autre qui accompagne, l'autre qui va nous

---

1. Marie de Hennezel, *La Mort intime*, préface de François Mitterrand, *op. cit.*

2. Michel de M'Uzan, « Le travail du trépas », dans *De l'art à la mort*, Gallimard, 1983.

survivre. Par un geste, une parole, un regard – tous ces bruissements de la vie affective –, l'essentiel est dit. Gratitude, bénédiction, pardon. Les derniers échanges deviennent irremplaçables. Parce que l'on ne se sent pas abandonné par ses frères humains, on peut alors s'abandonner avec confiance au mystère de la mort. C'est alors que mourir devient un acte, un acte de dignité, dont on est le sujet. J'ai souvent pensé, lorsque j'étais dans ce service de soins palliatifs, au chevet des mourants, à ce vers du poète Rainer Maria Rilke : « Ô, mon Dieu, donne à chacun sa propre mort, donne à chacun la mort née de sa propre vie où il connut l'amour et la misère. »

Le psychanalyste Michel de M'Uzan qualifie cette dernière tâche de « tentative de se mettre complètement au monde avant de disparaître ».

J'ai été témoin de cette dernière tâche chez des centaines de mourants, et je sais combien ces adieux sont ancrés dans le cœur de ceux à qui ils étaient destinés. Nous sommes là devant un véritable paradoxe, peut-être difficile à comprendre pour ceux qui n'ont jamais eu la chance d'être le proche d'un mourant. Ce dernier, alors que l'on s'attendrait à ce qu'il se détache, fait preuve d'un regain de vitalité, un besoin intense de relation. C'est ce que les soignants qualifient souvent du « mieux de la fin ». On croit d'ailleurs que cela est le signe d'une rémission, mais c'est au contraire le signe de la fin. Une fin qui ne peut être une « disparition », mais un acte.

J'ai toujours pensé que mourir était un acte, le dernier de notre vie, et que cet acte était un accomplissement et une transmission.

C'est ce dernier acte qui n'a pas été respecté, pendant le confinement, pour tant de personnes qui sont mortes seules, sans personne à leurs côtés. Les au revoir, les adieux n'ont pas eu lieu. Michel de M'Uzan, dans son article, constate que trop souvent ce sont « les autres qui entravent le travail du trépas », en refusant de reconnaître au temps qui reste à vivre une valeur, une dignité. Ils passent alors à côté d'une expérience humaine des plus fortes : la rencontre intime, profonde, avec la vérité d'autrui. Pendant la crise sanitaire que nous venons de vivre, ce n'est pas parce qu'elles refusaient d'accompagner que tant de personnes sont passées à côté de cette expérience irremplaçable. C'est parce qu'une décision politique les en a empêchées. On a volé leur mort aux mourants, mais on a volé aux vivants un moment essentiel de leur vie, une expérience qui, de l'avis de tous ceux qui l'ont vécue, rend plus généreux et plus humain.

C'est pourquoi l'attitude de cette directrice d'Ehpad, témoin du geste irrépressible d'une fille envers sa mère mourante, ne bougeant pas et laissant faire, mérite toute mon estime. Elle m'a dit qu'elle avait vu le visage de cette résidente mourante, tendu vers sa fille, les yeux fixés dans ceux de sa fille, un visage implorant.

Comme elle se demandait, malgré tout, si elle avait bien fait, je lui ai parlé de la rencontre du visage chez

Emmanuel Levinas. Le philosophe nous dit que cette rencontre bouleverse, désarçonne. Pourquoi ? Parce que le visage que nous tend la personne vulnérable, par sa nudité, « nous oblige, suscite en nous une responsabilité infinie : qu'arrivera-t-il à cet homme, à cette femme menacés, si je fais défection ? ».

C'est cette responsabilité qui a été volée à ceux qui savaient qu'un proche aimé était en train de mourir seul. La responsabilité d'offrir une présence attentive et aimante, pour qu'il puisse entrer vivant, et sans peur, dans la mort.

Et les valeurs palliatives ?

Toutes les unités de soins palliatifs – qu'elles accueillent ou non des patients atteints du Covid-19 – voient brutalement s'effondrer une partie de ce qu'elles ont mis en place depuis trente-trois ans : l'accueil des familles nuit et jour pour qu'elles puissent accompagner leur proche dans ses derniers moments.

La culture palliative repose sur cet accueil des proches, qui est l'un des points forts de ces unités. Convaincues que l'au revoir est un des rites les plus importants de l'accompagnement des mourants, les équipes veillent à le faciliter. Il ne s'agit pas seulement d'une organisation qui autorise les visites jour et nuit, qui permet à un membre de la famille de passer la nuit à côté de l'agonisant, mais d'une attention à l'inquiétude et au chagrin des proches. Savoir informer sans brutalité, mais dans la vérité, savoir expliquer, écouter, réconforter, ne pas juger. Cet accompagnement des familles est tout un art auquel les soignants sont formés.

La qualité de la relation avec le mourant et son entourage est au cœur de l'« ADN des soins palliatifs ». Humainement, c'est extrêmement gratifiant. C'est pour cela que, malgré la difficulté à côtoyer la mort quotidiennement, les soignants disent tous que leur travail leur plaît. Leurs valeurs humanistes y trouvent leur compte.

Avec l'annonce des mesures sanitaires, l'interdiction des visites, l'obligation de s'équiper comme des cosmonautes, l'impossibilité d'établir un contact peau à peau, les équipes perdent leurs repères. C'est violent.

Je pense à la maison Jeanne-Garnier, où ma mère a fini ses jours, il y a un an et demi, très paisiblement, à l'âge de 96 ans. Je revois les lieux, la liberté avec laquelle mes frères et sœurs allaient et venaient, nuit et jour. Je me revois sur un lit d'appoint au chevet de ma mère mourante, auprès de qui j'étais venue passer la nuit. Je revois son médecin, Perrine Garnier, avec sa voix si douce, et cette manière si respectueuse qu'elle avait de s'adresser à cette très vieille dame, pour s'enquérir du niveau de sa douleur. Je nous revois, ma sœur Claire et moi, descendant le lit médicalisé de notre mère, accompagnées d'une bénévole, dans le jardin, auprès d'une fontaine. Maman n'en revenait pas! Voir un arbre, entendre le bruit de l'eau qui coule, être là dans son lit, allongée, entre deux de ses filles! Son visage exprimait de la joie. C'était quelques jours avant sa mort. Tout était là pour qu'elle vive sa fin le plus sereinement possible, entourée de ses sept enfants, visitée par une bonne partie de ses vingt-sept petits-enfants, et quelques-uns de ses arrière-petits-enfants. Je me dis avec tristesse que ceux qui sont, en ce moment, dans cette unité de soins palliatifs n'ont pas droit à cette fin digne et humaine.

Je téléphone donc à Jean-François Richard, le médecin-chef de la maison Jeanne-Garnier. Il me dit qu'il s'est surtout occupé de l'organisation si particulière de la maison pendant cette période. Il n'a pas été au contact des patients ni des familles. Il me conseille alors de parler avec le médecin qui s'est occupé de ma mère, Perrine Garnier.

Mais, comme l'aspect organisationnel me semble important, je lui demande comment les choses se sont passées. Il me parle d'emblée de son principal souci de protéger son personnel. Au début, il manquait de matériel : pas de masques, pas de gel. Ses équipes étaient démunies. Il se souvient d'un vent de panique, d'une peur irrationnelle.

> « On a eu beaucoup de mal au départ, d'autant que certains membres du personnel ont été contaminés, et que nous avons eu un petit cluster dans l'une des unités. Et puis les patients arrivaient dans un état très grave,

cyanosés, en détresse respiratoire, mais presque tous conscients. »

Je n'ai pas de peine à imaginer l'angoisse des soignants confrontés à une situation qu'ils n'avaient pas l'habitude de rencontrer. Des patients dans un état très grave, perdus, réclamant leurs proches, entourés de soignants habillés en cosmonaute, qu'ils ne pouvaient pas identifier, des familles qui apprenaient par un coup de fil que leur parent venait d'être transféré en soins palliatifs, et qu'ils ne pourraient pas venir lui rendre visite.

Je sens au ton de sa voix que Jean-François Richard a bien du mal à évoquer cette période si éprouvante. « On a été confrontés à des incompréhensions, à de la colère, le climat était d'une grande violence. C'était insupportable pour les soignants d'être obligés d'éloigner les familles. Oui, nous y avons laissé des plumes ! »

Quand je demande au médecin-chef de Jeanne-Garnier s'ils ont été tentés de faire des exceptions aux règles édictées par l'ARS, il me répond positivement. Il se souvient d'une jeune fille de 16 ans qui était en train de mourir, non pas du Covid-19, mais du cancer. « Nous avons autorisé les parents et les sept jeunes frères et sœurs à venir dire au revoir. » En l'écoutant, je pense à tous ces directeurs d'Ehpad qui ont, eux aussi, fermé les yeux, parce que c'était tout simplement impossible de faire autrement. Il en allait de leur humanité.

Jean-François Richard insiste. Tout cela a été source d'une immense souffrance éthique pour le personnel. Lui-même se souvient d'avoir été obligé de faire tout seul une mise en bière, parce que le funérarium était saturé, que les pompes funèbres faisaient des rondes pour venir chercher les cercueils et les emmener à Rungis. « Je me suis retrouvé avec le corps dans les bras, après avoir vérifié l'étiquette mentionnant l'identité de cette personne. J'ai dû déposer moi-même la housse dans le cercueil, et le corps a failli m'échapper. » Je sens l'émotion de l'homme, obligé de faire quelque chose qui n'est pas son métier.

« Nous avons été constamment complices de situations de l'ordre de l'inhumain. On imagine tout sauf ça ! Nous avons été en complet décalage avec nos valeurs. »

Le médecin s'inquiète du contrecoup de cette crise pour ses équipes. Il a demandé à une infirmière de construire un questionnaire à destination du personnel. L'objectif est de revenir sur cette période et de l'analyser. Il compte mettre en place un groupe de parole et des rencontres individuelles avec des psychologues, un groupe d'écriture, et souhaite proposer à son personnel une formation sur le stress post-traumatique.

« Pour le moment, conclut-il, nous avons besoin d'une pause. Cela a été vraiment trop dur. Nous ne sommes plus en état d'accueillir des victimes du

Covid-19. Il nous faut le temps de souffler et de mettre en place un protocole pour accueillir de façon différente. »

Il est conscient que, tant que l'épidémie ne sera pas jugulée, l'accueil en soins palliatifs ne retrouvera pas la qualité qui le caractérisait.

Le lendemain de cet échange avec Jean-François Richard, je reçois un SMS[1] du député Jérôme Guedj, qui s'inquiète de l'impact du Covid-19 sur les soins palliatifs. Une de ses amies l'a alerté. Sa mère est en train de mourir à Jeanne-Garnier et, à sa grande surprise, elle a découvert qu'elle ne pouvait venir auprès d'elle qu'entre 14 h 30 et 19 heures. Il a fallu qu'elle insiste beaucoup et exige de venir passer les nuits près de sa mère, ce qui lui a été finalement accordé. « Si même à Jeanne-Garnier, qui est au cœur de la culture palliative, on en arrive à restreindre les visites, alors qu'en est-il ailleurs... ? »

Je sais, pour avoir lu une interview[2] de Régis Aubry, responsable de l'unité des soins palliatifs Covid-19 du CHU de Besançon, que son unité est sans doute l'une des seules, en France, à avoir autorisé les visites, dès le début du confinement. « Au stade ultime de la vie, cela nous semblait important de ne pas ajouter de la souffrance et de ne pas priver de ce qui peut encore

1. Message du 12 juillet 2020.

2. « Le risque est d'oublier la dignité humaine des personnes âgées et vulnérables », interview de Carina Louart, *CNRS Le journal*, 28 mai 2020.

donner du sens, à savoir le contact avec ceux qu'on aime», confie-t-il, lui qui estime par ailleurs qu'une société qui «oublie d'être solidaire ou qui ne respecte pas la dignité de toute vie est une société qui va droit au mur».

Il semble, cependant, que peu d'unités de soins palliatifs ont su s'adapter de manière humaine aux restrictions sanitaires. Cette amie de Jérôme Guedj a raison : la culture palliative est touchée au cœur. Ce qui faisait sa particularité, l'accueil sans restriction des familles, n'est désormais plus possible.

Je mesure, grâce à cette réaction, les dégâts que la crise du Covid-19 aura générés. Nulle part, et pour longtemps sans doute, on ne pourra accompagner dignement son mourant dans une structure hospitalière, ou dans une clinique, ou encore dans un Ehpad.

Nous nous demandons comment les familles ont été si dociles dans l'acceptation de mesures leur interdisant les visites. Jérôme me rappelle qu'il n'y a aucun fondement juridique à cette interdiction. C'est sans doute la peur qui explique cette docilité.

Je téléphone à Perrine Garnier. Elle me raconte qu'elle s'est portée volontaire pour prendre la responsabilité de l'une des deux unités Covid-19 que la maison Jeanne-Garnier a ouvertes très rapidement, sous la pression de la demande hospitalière. En un week-end, fin mars, la première unité de treize lits a été remplie. Il a fallu en ouvrir une seconde. En deux mois, la maison a accueilli soixante-dix-huit patients atteints du Covid-19, dont les trois quarts sont morts.

Perrine m'avoue avoir du mal à se souvenir de tout ce qui s'est passé. Il y a comme « un flou », dit-elle. C'était tellement brutal, tellement inconcevable. « Il a fallu s'adapter à toute vitesse à des normes totalement à l'encontre de ce que nous faisons d'habitude. » Médecin, elle avoue avoir eu le sentiment de perdre toute maîtrise. « La maladie nous était totalement inconnue. Et puis c'était tellement étrange de devoir s'habiller comme des pingouins. On avait l'impression de perdre notre identité. »

Le médecin reconnaît que la lourdeur du protocole a eu un impact délétère sur la qualité de l'accompagnement. « On entrait forcément moins souvent dans les chambres. »

La première semaine, les visites étant strictement interdites, elle ajoute : « Je me suis rendu compte à quel point notre travail s'appuyait sur la présence des familles, et combien l'absence de celles-ci et l'impossibilité dans laquelle nous étions de pouvoir toucher nos patients ont amputé notre travail d'une dimension essentielle. » Devant l'extrême difficulté de cette situation inédite, l'équipe a fait bloc. Perrine Garnier évoque la confiance que les soignants se sont fait entre eux.

Quant aux patients, c'était évidemment très dur pour eux. Ils réclamaient leurs proches. D'autres étaient dans un tel état qu'ils ne parlaient même plus.

C'est seulement au bout d'une semaine que la maison Jeanne-Garnier a autorisé une visite par jour. Mais, en fait, les familles souvent ne voulaient pas venir. Elles avaient peur. Je crois qu'on a du mal à réaliser le niveau de peur générale qui s'est emparée de la population. Tout le « harnachement de protection » ne donnait sans doute pas envie non plus de prendre des risques.

Certains patients se sont donc laissés mourir. Perrine se souvient d'un homme qui venait d'arriver et qui, apprenant que son compagnon venait de mourir du Covid-19, s'est laissé glisser dans la mort.

> « Que pouvions-nous faire ? Nous sommes restés en contact étroit avec les familles, les avons encouragées à téléphoner à leur proche mourant. Combien de fois avons-nous tenu le téléphone à l'oreille d'un patient ! C'était tellement important d'entendre une voix ! Mais, parfois, la santé d'un malade se détériorait tellement vite, en quelques heures, que nous n'avions même pas le temps de prévenir la famille. Je me souviens d'un homme de 50 ans qui est arrivé en assez bonne forme. J'ai prévenu sa famille, qui n'était même pas au courant de son arrivée en soins palliatifs. Trois heures plus tard, l'homme a été pris d'une détresse respiratoire et s'est éteint. »

Alertée par les médecins coordonnateurs de plusieurs Ehpad sur la pénurie de certaines molécules, je demande au Dr Garnier si les médicaments permettant de sédater les patients étaient disponibles. Elle me confirme qu'elle n'a jamais manqué de médicaments permettant de soulager la détresse respiratoire.

La maison Jeanne-Garnier a continué à accueillir, dans les quatre autres unités, des patients non Covid, mais atteints de maladies dégénératives ou de cancers en phase terminale. Les règles restrictives étaient les mêmes, alors que les patients mouraient d'autre chose. Perrine Garnier me dit que les familles de ces patients-là ont très mal accepté qu'on leur interdise de venir accompagner et dire au revoir. « Heureusement, depuis le 11 juin, nous admettons la présence de quatre personnes à la fois dans la chambre, et une personne peut désormais dormir dans la chambre du mourant. »

Perrine a-t-elle le sentiment que les valeurs qui portent les soins palliatifs ont été mises à mal ? « Oui, certainement, mais pourtant je pense que nous avons tout fait pour accompagner le mieux possible, avec tout le respect que nous avions pour le malade. Nous l'avons fait autrement. Vous savez, me dit-elle, nos valeurs, c'est nous qui les portons, qui les incarnons. » Comme je lui demande si elle peut me donner un exemple, elle me parle de cette patiente qui l'a remerciée pour son sourire. Il ne pouvait pas s'agir du sourire de sa bouche, puisqu'elle était masquée. Il s'agissait bien du sourire dans ses yeux.

« Quand on parle de dégradation des soins, me dit-elle, il s'agit de l'aspect matériel. Il a fallu changer nos habitudes, nous adapter dans nos prescriptions, pallier l'urgence. Mais l'esprit du soin était là. »

Je demande alors si, comme dans certains Ehpad, il a été difficile d'empêcher les proches de venir embrasser leur parent mourant ou de vouloir lui tenir la main. Je sens qu'il est sans doute difficile pour ce médecin d'avouer qu'elle a pu parfois enfreindre un protocole si sévère. « Nous étions toujours présents dans la chambre, parfois nous avons laissé faire, c'est vrai, mais nous rappelions doucement la règle : "Attention !" »

Enfin, j'aimerais savoir si les mourants réclamaient la présence d'un prêtre ou une dernière bénédiction. « Oui, confirme Perrine, un prêtre pouvait venir à la demande du mourant ou de sa famille, et les derniers sacrements ont été donnés en présence d'une seule personne. »

Interdits de funérailles

> « Sans rites funéraires, il n'y a pas d'humanité digne de ce nom. »
>
> Alain Finkielkraut

Pour beaucoup, nous l'avons vu, ce qui a été le plus douloureux, c'est de ne pouvoir honorer ses morts ni assister à des funérailles dignes de ce nom.

Au risque de lasser mon lecteur, je reviens sur cette réaction immédiate de Boris Cyrulnik lorsqu'il a eu connaissance de l'interdiction faite aux familles d'assister à ces funérailles. J'entends encore sa voix bouleversée à la radio, insistant sur le fait que *jamais* dans l'histoire de l'humanité – à l'exception cependant de Créon interdisant à Antigone d'inhumer son frère – une décision politique n'a empêché un être humain d'honorer un mort, en accomplissant ce rite immémorial qu'est l'enterrement ou la crémation. Il nous alertait sur les dégâts psychologiques dont nos politiques prenaient la responsabilité.

Comment faire face à la violence de telles situations ? Quel accompagnement proposer aux familles ?

Il y a d'abord eu une sidération. Tout le monde était saisi de peur. La docilité sidérante avec laquelle la population française a accepté le confinement s'est retrouvée chez les familles venant de perdre un être cher. Elles ont accepté avec douleur, avec dignité, qu'on leur interdise de voir une dernière fois le visage de leur mort, qu'on les interdise de funérailles.

« C'était comme si on leur avait fait un lavage de cerveau[1] », commente Michèle Aubry, opératrice funéraire à Strasbourg, l'un des plus importants foyers de l'épidémie. Les familles se sont donc pliées à un protocole funéraire très strict.

Bien qu'assez rapidement les ARS aient autorisé deux ou trois personnes – des très intimes –, puis, avec le temps et l'assouplissement des mesures sanitaires, une dizaine de personnes. Nous imaginons facilement comme cela a dû être douloureux dans les familles nombreuses de se mettre d'accord sur qui irait, et qui n'irait pas.

Les mesures dérogatoires au droit commun de la législation funéraire ont suscité assez rapidement désespoir et colère des familles et des professionnels de la chaîne funéraire. Les thanatopracteurs, eux

1. Rémi Dupré et Béatrice Jérôme, « Bataille politique autour de la rigidité du rite funéraire à l'heure du Covid-19 », *Le Monde*, 4 juin 2020.

aussi, ont été désemparés par les mesures qui leur ont été imposées. Les soins de conservation font partie du rituel indispensable pour que les familles puissent se recueillir. Cela n'a pas été possible. Par des mises en bière précipitées et sans possibilité de soins, ils ont eu l'impression de « priver » les familles d'une étape importante du processus de deuil. Ils estiment qu'on ne leur a pas donné les moyens d'enterrer correctement les morts.

Un dimanche matin, je regarde l'émission « Le Jour du Seigneur[1] », sur France 2, alors consacrée aux funérailles interdites.

L'animateur nous rappelle que « de tout temps, partout dans le monde, le rapport à la mort a donné lieu à des rites pour permettre à ceux qui s'en vont et à ceux qui restent d'avoir des repères pour se dire que l'on a fait ce qu'il fallait faire, et du coup se permettre de faire son deuil ». Il nous rappelle que ces derniers mois, avec toutes les contraintes sanitaires, les rituels ont été empêchés et que nous avons tous compris à quel point le rite funéraire était un des fondamentaux de notre humanité.

> « Un sérieux rappel à l'ordre pour nos sociétés, qui bien souvent refusaient de voir la mort, pour les familles qui ne s'y préparaient pas. Pour les soignants

---

1. « Le Jour du Seigneur », émission du 24 mai 2020.

qui n'avaient pas envisagé que cela ferait partie de leur travail. Bref, cela questionne… Ces deuils vont-ils nous changer la vie ? »

Ce matin-là, l'animateur a invité Christian de Cacqueray[1]. Je le connais depuis longtemps. J'étais venue, à sa demande, animer une journée de formation pour ses employés des pompes funèbres. J'avais été frappée, à l'époque, par le niveau de maturité de ces hommes dont le métier est de s'occuper quotidiennement des humains après leur mort. Dans notre société thanatophobe, ce n'est pas banal. Je me suis toujours dit qu'il fallait une bonne dose de philosophie et d'humanité pour faire ce qu'ils font.

J'apprends alors que Christian a été contaminé par le Covid-19, au tout début de l'épidémie. Un soir, il a perdu connaissance et une énorme fatigue s'est abattue sur lui. Malgré la fatigue, l'abattement, la perte d'énergie physique et spirituelle, il a continué à gérer son service, à distance. Puis sa femme a été atteinte à son tour, beaucoup plus gravement. Il a eu peur pour elle. Christian parle de son angoisse, de celle de ses collaborateurs, la peur au ventre, exposés plus que d'autres au risque d'être contaminés.

Comme c'est une émission religieuse, l'animateur veut savoir si Christian a perdu la foi pendant cette

1. Christian de Cacqueray est directeur du Service catholique des funérailles.

période. Mon ami n'esquive pas la question. « Non, dit-il, je ne l'ai pas perdue, mais j'étais vidé, je ne sentais plus d'élan, j'ai connu une forme d'obscurité. »

L'animateur fait allusion à la célébration de Pâques à Rome, avec ce pape tout seul, sur la place Saint-Pierre, affirmant : « L'obscurité et la mort n'ont pas le dernier mot. »

Christian dit que c'est ce qu'il vit dans son travail. « Le parcours rituel » de la mise en bière aux funérailles est un parcours obscur. Tout le monde est dans la peine autour du corps de quelqu'un qu'on ne reverra jamais plus. Ce « jamais plus » est terrible. C'est une écharde au cœur de notre humanité. Mais le rite est là pour apaiser. C'est sa fonction. Mettre un peu de lumière dans l'obscurité. Le rite ouvre le chemin vers le deuil. Et c'est précisément ce qui a été manqué à cause des mesures sanitaires.

Christian évoque ce moment terrible où le Premier ministre a interdit, de manière si brutale, aux familles de venir dire au revoir à leur mourant.

> « Cet interdit a mis le doigt sur quelque chose d'essentiel. Les gens ont compris qu'à la racine de leur humanité il y a le respect des morts, et cette capacité humaine d'apprivoiser le chaos par des gestes et des paroles. Le rite, c'est le bel héritage des générations qui nous ont précédées. Et l'absence de rites peut créer un traumatisme collectif. »

Le directeur du Service catholique des funérailles nous raconte une expérience personnelle. « Une femme m'appelle, son père est mort du Covid-19. Ils sont tous malades, elle, ses enfants, et moi je suis là au bout du fil, et, pour la première fois en trente ans de vie professionnelle, je pleure avec cette femme. »

J'ai compris que j'étais rejointe par ce vide abyssal de l'empêchement de ritualiser la mort.

J'ai eu cette image de la solitude d'un homme qui va seul à la mort et qui ira seul à la tombe. Cette femme, cependant, l'a rappelé le soir même pour lui dire qu'elle avait contacté un site sur Internet organisant des « célébrations domestiques » en visioconférence avec des gens du monde entier, et que cela lui avait fait du bien.

L'émission continue avec le témoignage d'un médecin de la région Est, très contaminée. Il s'agit de Marie-Jo Thiel, médecin et théologienne. « Les passages par l'église étaient impossibles. On a mis en place des rites nouveaux. La visioconférence, le téléphone, les fleurs, on a tout mis à contribution pour essayer de se rapprocher de l'autre. » À l'hôpital, dit-elle, le personnel de santé a inventé des rites : « Les infirmières ont joué un rôle de sentinelles d'humanité. »

« On nous a imposé brutalement des mesures coercitives à l'encontre de nos valeurs, rappelle-t-elle. Allions-nous les appliquer servilement ou allions-nous – dans le respect des gestes barrières – faire preuve d'humanité ? »

Cette femme médecin dit avoir eu des preuves multiples de professionnels qui ont été au front et ont su faire ce *pas de côté* pour adoucir la cruauté de la situation. La plupart du temps, des femmes. « Les soignantes ont été les Antigone des temps modernes, elles ont été des sentinelles d'humanité. »

Quand elles réalisaient que la personne allait mourir sans être accompagnée, elles prenaient le téléphone, elles appelaient la famille qui ne pouvait pas être là. Elles lui permettaient de dire au revoir à quelqu'un qui était intubé ; faisant le pari qu'il pouvait entendre. Elles ont inventé des rites au fur et à mesure, avec les moyens technologiques que nous avons maintenant. « Car c'était leur propre humanité, en plus de l'humanité des personnes qu'elles soignaient, qui était en jeu. »

Pour Marie-Jo Thiel, quand on a soigné pendant des semaines une personne malade intubée, on ne peut pas la laisser partir comme cela, sans un minimum d'humanité.

L'animateur termine l'émission en demandant si on envisage un rituel national pour toutes les victimes du Covid-19, si on envisage des funérailles différées. Il faudra bien imaginer quelque chose pour les familles qui n'ont rien pu faire, qui n'ont accompli aucun rite. Christian, lui, pense qu'on ne refait pas ce qui n'a pas eu lieu. Des rites ont eu lieu, malgré tout, réduits à peu de chose, à un au revoir au téléphone, ou sur Skype, et ce n'est pas parce que ce rite a été réduit à sa plus simple expression qu'il n'a pas de sens. Il pense même que ces petits rites sont « pleins de sens ».

Ce qui aura lieu en différé sera d'une autre nature. Ce ne sera pas une ritualité de remplacement, car le corps du défunt, de toute façon, ne sera pas là.

Quelques jours plus tard, je rappelle Christian pour savoir comment lui et ses collaborateurs ont vécu cette terrible période. Je comprends alors que ces semaines de confinement ont été terribles. Alors que d'autres se retrouvaient quasiment en vacances, en famille, dans des maisons de campagne, lui vivait une sorte d'enfer. Ses employés allaient au travail la peur au ventre. D'autant plus qu'au début, alors que les métiers du funéraire étaient identifiés comme des métiers à haut risque, le matériel manquait. Pas de masques pendant les trois premières semaines, pas de gel hydroalcoolique. Vingt pour cent de ses effectifs sont tombés malades.

Ce qu'ont vécu les services funéraires est indescriptible. « Ce n'est pas tant la norme qui a été meurtrière que la manière dont les hommes l'ont mise en œuvre. On a assisté à un "concours Lépine" des interdits dans les entreprises funéraires. Il y a eu un va-et-vient entre les normes édictées par l'État et la manière dont les entreprises funéraires appliquaient ces normes », me raconte-t-il. Il me confirme les pressions qui ont été faites par les opérateurs du funéraire pour s'opposer aux assouplissements préconisés par l'État, dans un second temps, sans doute lorsque celui-ci a eu vent des remontées de la détresse des familles. Christian a donc assisté à ce bras de fer. Il a constaté la fermeture aux victimes du Covid-19 des chambres funéraires privées à Paris. Par peur de la contamination.

Mais il a observé comment certains services hospitaliers ont tenté d'appliquer ces mesures avec humanité. À l'hôpital Cochin, on a mesuré l'impact négatif de l'exclusion des familles. Ne pas pouvoir dire au revoir, tenir une main, capter un regard, prononcer les derniers mots, prier, se consoler. « Ils ont jugé important de laisser les gens tenir la main de leur mourant, avec un gant », me raconte-t-il.

En fait, il y avait un tel flou dans les préconisations que si un service funéraire prenait l'option d'être humain, il avait la marge de manœuvre pour cela. C'est d'ailleurs comme cela que le service qu'il dirige a pu adoucir au maximum la peine des familles. « Nous sommes devenus des soignants sans médicaments. »

Ce qui a frappé Christian de Cacqueray, c'est la dignité et la résilience des familles. « Elles nous réconfortaient. Je n'ai rencontré aucune agressivité, aucune révolte. Cela m'a beaucoup impressionné. »

Ce qui était très dur pour les proches, me dit-il, c'était de ne pouvoir vivre ce beau rite de l'« adieu au visage ». Quand il y a eu l'autorisation d'entrouvrir la housse pour entrevoir le visage, ce n'était pas pareil. Rien à voir avec la gravité du rite, lorsque toute une famille est réunie autour du cercueil ouvert, que tous peuvent contempler le visage une dernière fois. Que ceux qui le souhaitent peuvent déposer une lettre, ou un objet, ou encore un dessin d'enfant, avant de refermer le cercueil.

Les familles ont été privées de ce rite, pour des raisons difficiles à comprendre. Car beaucoup se demandent maintenant ce qui a justifié un interdit aussi sévère. Ne pouvait-on rester à 1 mètre du cercueil et se recueillir autour ?

Christian me raconte qu'un homme voulait déposer une croix sur le corps de son père. Celui -ci était déjà dans sa housse, et les familles n'avaient pas le droit de s'approcher tant que le cercueil n'était pas fermé. Christian lui a dit : « Si vous me confiez cette croix, je la déposerai moi-même dans le cercueil. » C'est ce qu'il a fait. Il pense à ce moment avec émotion.

Quand les gens mouraient chez eux, ce qui était terrible, me confie-t-il, c'est qu'on ne savait pas s'ils étaient morts du Covid-19 ou d'autre chose. La marche à suivre n'était pas la même dans un cas ou dans l'autre. L'enjeu était important. En fait, en l'absence de test, c'était impossible de savoir. Malgré le fait que les familles niaient que leur parent soit mort du Covid-19, les médecins, sans doute pour se couvrir, signaient tous les certificats de décès comme s'il s'agissait de victimes du Covid-19.

Ce directeur d'un service funéraire me confirme ce que j'ai perçu depuis le début du confinement :

« Face à toute crise, c'est notre humanité qui est sollicitée pour appliquer la règle restrictive. Nous ne sommes pas là pour appliquer servilement les règles sanitaires… C'est confortable, évidemment, d'appliquer la règle, dérangeant de la transgresser. Mais, derrière l'application servile, il y a à la fois la peur et la paresse. »

Je demande alors à Christian qu'il me donne un exemple de la peur que ressentaient ceux qu'il appelle les « ouvriers de la mort ». « La plupart du temps, me répond-il, ils refusaient de soulever le cercueil pour l'entrée dans l'église. Par peur d'être contaminés. Il y a, de toute évidence, quelque chose de très irrationnel dans cette peur. Mes collaborateurs, eux, n'hésitaient pas à y aller. »

L'organisation des funérailles, je le constate, s'est révélée être très hétérogène selon les régions, selon les opérateurs funéraires. Les cérémonies ont été réduites à peu de chose ; souvent, le passage habituel par l'église a été supprimé. Le cercueil était transporté directement du funérarium au cimetière. On a vu fleurir toutes sortes d'idées créatives pour atténuer le chagrin des proches, comme la retransmission par vidéo des obsèques. D'autres familles ont imaginé, sur leur lieu de confinement, de dresser un petit autel au défunt, avec des photos de lui, des fleurs, des bougies. Elles ont tenté une sorte de funérailles virtuelles, dont la puissance n'est pas négligeable. Car plusieurs personnes ont témoigné du fait que ces rituels de fortune les avaient beaucoup aidées dans leur deuil. Ils permettaient une sorte de recueillement.

Aujourd'hui encore, je reçois des appels de familles qui me disent envisager des « secondes funérailles », sans doute au moment de la Toussaint, si la situation sanitaire le permet. Bien sûr, le corps du défunt ne sera pas là, mais elles imaginent organiser un hommage, une prière collective. Un rituel différé, comme cela se pratique dans certaines îles où les marins meurent en mer et les familles pleurent un corps absent, jamais retrouvé, dormant au fond des eaux.

Aider, guider, soutenir

La période est si douloureuse pour tant de gens. On fait appel à mon expertise de psychologue clinicienne, ayant œuvré plus de dix ans dans une unité de soins palliatifs.

Aider, guider, soutenir les familles en détresse me paraît la priorité. Je sais que le contexte de ce confinement va laisser des traces profondes. Je n'ai pas oublié la mise en garde de Boris Cyrulnik sur France Inter :

> « Toucher à ces rites immémoriaux que sont l'accompagnement et les funérailles aura de graves conséquences. On peut craindre des dépressions post-confinement, des deuils impossibles à faire, une culpabilité rampante

qui se paiera de conduites d'échec et de dépressions au long cours. »

Je viens d'entendre que mes collègues psychologues avertissent : « La seconde vague sera psychiatrique. » Ainsi, Benoit Durand, directeur délégué de France Alzheimer, me demande mon soutien pour construire un programme d'aide adapté aux personnes endeuillées[1]. Il compte mettre en place des groupes de parole. « En effet, suite à la crise sanitaire actuelle, beaucoup de remontées de notre réseau font état de familles complètement sous le choc et en souffrance », m'écrit-il.

Il me propose une interview sur la radio de France Alzheimer, ainsi qu'une visioconférence destinée à être diffusée auprès des bénévoles des associations locales qui accompagnent des aidants bouleversés. Les uns n'ont pas pu venir dire au revoir, serrer une dernière fois un parent aimé mourant, les autres n'ont pas pu se recueillir auprès du corps de leur proche décédé. Comment faire face à la violence de telles situations ? Les obsèques ont eu lieu dans des conditions particulières, des cérémonies courtes en présence d'une poignée de proches. Comment faire son deuil, dans de telles conditions ? Comment expliquer la situation aux enfants ou aux adolescents ?

1. https://www.francealzheimer.org/changez-regard-maladie-personnes-malades/

Que puis-je conseiller aux familles qui seront dans l'impossibilité de venir accompagner leur parent âgé, un conjoint atteint de la maladie d'Alzheimer ? Qui ne pourront venir les serrer une dernière fois dans leurs bras ? Peut-on inventer une autre manière de garder le contact, d'être proche, de dire au revoir, de prononcer ces mots irremplaçables qui aident à mourir ? Je me dis que cela doit être possible. Je le crois.

Les aidants aussi se posent mille questions à propos de celui qui va mourir. « Sait-il qu'il va mourir ? S'il me demande s'il va mourir, que dois-je lui dire ? Est-ce bien nécessaire de dire la vérité ? »

Je sens, à toutes ces questions, combien nous sommes tous démunis devant la mort d'autrui. Mon expérience m'autorise à parler de l'ambivalence qui règne chez celui qui va mourir. Il sait, et en même temps il ne sait pas. Je rappelle, en fait, que personne ne sait ; on peut savoir qu'on est atteint d'une maladie incurable, et avoir l'impression que l'on a encore beaucoup de temps devant soi. On peut, au contraire, avoir un sentiment interne d'urgence. Sentir que l'on n'en a plus pour longtemps.

La seule chose qui doit guider l'accompagnement, c'est l'écoute et la présence. Même quand la mort est statistiquement prévisible, il reste une part d'imprévisible.

J'ai remarqué que la présence physique, tactile, rassure. Le mourant ne pose plus la question du temps qui reste. Ce qui compte, c'est la relation qu'il a encore avec une personne qui lui est chère.

Chaque fois que je le peux, j'invite les familles à écrire ou à enregistrer sans tarder leurs adieux, à prononcer ces mots d'amour, de gratitude, qui à défaut d'être accompagnés d'un geste, s'ils sont diffusés à l'oreille du mourant, lui permettront au moins de partir avec une voix, une voix qui touche. Il y aura sûrement un soignant compatissant qui lira cette lettre à haute voix ou qui diffusera cet enregistrement. J'insiste sur l'importance de la voix, qui est une présence enveloppante.

Je me souviens, lorsque j'étais psychologue au chevet des mourants de la première unité de soins palliatifs, à Paris, d'avoir découvert la puissance apaisante de la voix. J'encourageais les proches, qui venaient au chevet d'un mourant déjà dans le coma, à parler à haute voix à l'oreille de l'agonisant, à lui dire tout ce que leur dictait leur cœur. Beaucoup ont témoigné, ensuite, qu'ils avaient reçu un signe que leurs paroles avaient été perçues. Il n'était pas rare que la personne meure peu après, le visage apaisé.

On me pose aussi la question des obsèques. Faut-il aborder ce sujet avec le malade ou le mourant que l'on accompagne ? Aujourd'hui, avec la loi Claeys-Leonetti, il est rare que l'on n'ait pas abordé, en amont, la question des directives anticipées, de derniers vœux.

Enfin, souvent, se pose la question de la présence des enfants ou des petits-enfants au chevet du mourant. Je fais partie des psychologues qui encouragent cette présence, surtout si elle est souhaitée par l'enfant lui-même. On peut lui proposer de venir dire au revoir à son grand-parent, lui apporter une fleur ou un dessin, rester près de lui le temps de la visite. De la même façon, la présence des enfants, même petits, est souhaitable aux funérailles, à condition que l'enfant soit accompagné d'un adulte de confiance, qui sache mettre des mots sur ce qui se passe, lui expliquer les différentes étapes du rite funéraire. On croit à tort que l'on protège l'enfant en l'éloignant de l'« orbite funèbre ». C'est le contraire qui se passe : l'enfant que l'on tient à l'écart n'a pas la possibilité de *symboliser* ce qui se passe. Il deviendra un adulte angoissé par la pensée de la mort. Le mieux est évidemment de demander à l'enfant ce qu'il souhaite : venir ou ne pas dire au revoir ? Assister ou pas à l'enterrement ou à la crémation ? L'enfant sait très bien, en son for intérieur, ce qui est bon pour lui.

Le terrible pronostic posé par Boris Cyrulnik, au début du confinement, me revient en mémoire. Il avait cependant ajouté : « On peut limiter la casse en inventant chez soi des rituels de deuil, avec des photos, des prières si l'on est croyant, en parlant du défunt dans les semaines et les mois qui viennent[1]. »

Comment aider toutes ces familles en deuil ?

Je suggère ici – outre l'aide psychologique classique d'écoute ou de groupes de parole qui permettent

1. Entretien du 25 mars 2020, avec Léa Salamé, sur France Inter.

d'exprimer son chagrin, sa culpabilité, sa colère – de leur proposer d'avoir recours à un rituel de deuil différé, où la dimension symbolique est essentielle.

La fonction du rite est d'apaiser. Trois choses le caractérisent : il faut un temps, un lieu et une organisation de symboles.

On peut suggérer à une famille de choisir *un temps*, sans doute quand les rassemblements seront autorisés, en invitant proches et amis à se réunir en mémoire du défunt ; *un lieu,* par exemple au cimetière, mais aussi dans une maison de famille ; et *une organisation de symboles*, comme une photo du défunt, une grande bougie. Puis inviter ceux qui le souhaitent à témoigner comme ils l'auraient fait aux obsèques, les enfants à déposer une bougie ; et pourquoi pas une cérémonie religieuse avec une homélie, ou un discours, puis un repas tous ensemble.

Chaque famille peut inventer son rituel, dont la fonction est de permettre le partage des émotions, mais surtout l'hommage rendu au défunt et la reconnaissance de sa vie, de son œuvre, de ce qu'il a laissé aux vivants.

Le fait que ce rituel soit différé dans le temps ne change rien à son impact sur les vivants. Au contraire, cela peut permettre de « faire son deuil » et cela atteste du fait que, dans notre humanité, tout être humain a droit à ce dernier hommage.

Lettre aux endeuillés

Je m'adresse ici à ceux qui n'ont pas pu dire au revoir à un proche mourant, qui n'ont pas pu accompagner ses derniers instants, qui n'ont pas pu voir son visage une dernière fois, qui n'ont pas pu assister à ses funérailles.

Vous avez souffert. Les interdits que l'on vous a imposés vous ont mis dans une situation que beaucoup d'entre vous ont qualifiée d'« inhumaine ». Vous éprouvez peut-être de la colère, sûrement une tristesse infinie, sans doute une forme de culpabilité. Vous faites aussi des cauchemars, et l'image de votre parent, parti dans ces conditions douloureuses, vous hante.

Cette épreuve, comme toutes les épreuves de la vie, vous la traverserez et, avec le temps, vous découvrirez qu'elle vous a rendus plus forts, qu'elle vous aura fait découvrir des ressources intérieures que vous ne soupçonniez peut-être pas. Avec le recul, vous analyserez ce qui s'est passé. Il y a des choses, sans doute, que vous n'accepterez plus, car vous aurez senti ce qui importe vraiment pour vous.

J'aimerais vous aider à traverser ces deuils impossibles. Vous inciter à laisser libre cours à vos émotions légitimes, à partager votre douleur avec ceux qui le peuvent autour de vous. Il y a un temps pour être en colère et pour pleurer. Ce temps doit être respecté. Absolument. En faire l'économie peut engendrer des dépressions au long cours, des comportements d'autopunition. Même si elle est pénible à vivre et à imposer à son entourage, la tempête émotionnelle doit pouvoir se déchaîner.

Plus tard, lorsque votre cœur sera un peu apaisé, je vous invite à effectuer quelques rituels de deuil différés. J'ai appris, auprès des endeuillés que j'ai accompagnés pendant des années – et certains dans des souffrances dont on n'a pas idée[1] –, que la *présence* d'une personne que l'on a aimée et qui a compté pour soi est toujours là, d'une certaine manière. Dans la pensée, dans le cœur, dans le souvenir ; parfois même, certains la « sentent ». Il y a plusieurs années, j'ai traduit un livre[2] retraçant les derniers moments d'un professeur d'université américain. Une phrase de lui m'est toujours restée, car je la trouve très juste : « La

1. J'ai mené, en 2017 et 2018, deux formations au deuil pour l'ONG EliseCare, dans le Kurdistan irakien, destinées aux psychologues s'occupant des femmes yézidies et des populations déplacées près de Mossoul.

2. Mitch Albom, *La Dernière Leçon*, Robert Laffont, 2004.

mort met fin à la vie, mais pas à la relation. » C'est ce qui m'autorise, dans le soutien des personnes endeuillées, à les inviter à parler au défunt, comme s'il était là pour les entendre. C'est une chose que beaucoup savent faire. Ils vont au cimetière ou sur le lieu où les cendres ont été déposées ou répandues. Ils parlent au mort, et me disent toujours que cela les apaise. Il y a ceux qui préfèrent écrire. Écrire une lettre dans laquelle ils disent tout ce qu'ils ont sur le cœur. Je leur recommande de brûler cette lettre avec la flamme d'une bougie, ou d'un feu, en souhaitant du plus profond d'eux-mêmes que leurs mots soient reçus par le défunt. Certains m'ont raconté qu'à la suite d'un tel rituel ils avaient rêvé du mort, et qu'ils avaient vu celui-ci apaisé. Ce genre de rituels peut se faire aussi en famille, quelques mois ou semaines après le décès, lorsqu'il a été impossible d'honorer le mort par des funérailles dignes de ce nom.

Le principe est toujours le même : déterminer un lieu, un temps, une organisation de symboles – des photos, des bougies, de la musique. On peut témoigner de la vie du défunt, offrir un chant ou une prière, rendre un hommage silencieux. Faire participer les enfants. C'est à chaque famille de construire ce rituel. L'expérience prouve que tout le monde sort apaisé, et il est bon ensuite de partager un repas tous ensemble, comme on l'aurait fait lors d'obsèques normales.

Une des étapes du deuil a une importance particulière. Il s'agit de ce que l'on nomme l'« héritage ».

Il ne s'agit pas de l'héritage matériel, mais de la reconnaissance de ce que cette personne a apporté à sa vie. Car nous nous apportons tous quelque chose les uns aux autres. Nous nous transformons les uns les autres. Nous participons à l'évolution des uns et des autres.

Reconnaître l'*héritage* d'une personne décédée, c'est une manière efficace de « faire son deuil », ce qui ne signifie nullement oublier la personne, mais passer à autre chose. Être capable de survivre à son absence, tout en gardant sa présence à l'intérieur de soi. François Mitterrand, avec lequel j'ai beaucoup parlé de tout cela pendant les douze dernières années de sa vie, me disait : « Les morts ne nous demandent pas de les pleurer, mais de les continuer[1]. »

Je repense souvent à cette phrase. Elle me paraît si juste. Nous savons, au fond de nous-mêmes, que ceux qui nous ont quittés aimeraient nous voir continuer la route, fidèles à nous-mêmes, à nos valeurs, fidèles à ce qu'ils ont essayé d'apporter par leur existence.

Vous vous reprochez peut-être d'avoir abandonné votre parent âgé, de l'avoir laissé mourir seul, sans accompagnement, sans un adieu. Vous ne pouviez pas faire autrement. Il est important de vous le pardonner. Sachez que la meilleure manière de le faire, c'est de continuer à vivre votre vie, sans culpabilité,

1. Marie de Hennezel, *Croire aux forces de l'esprit*, Pocket, 2018.

en étant fidèle à ce que le défunt aimait sans doute chez vous. La vie, qui est pleine de surprises, vous offrira peut-être un jour l'occasion de faire pour quelqu'un d'autre ce que vous n'avez pas pu faire dans le contexte si particulier de cette crise.

Voici un exemple que je peux partager avec vous, pour illustrer ce que je viens de vous dire : lorsque je travaillais comme psychologue en soins palliatifs, une aide-soignante d'origine espagnole, appelons-la « Maria », était venue se confier à moi. Elle s'était attachée à une patiente espagnole qui mourait d'un cancer. Cette patiente lui faisait penser à sa mère, morte quelques années plus tôt, toute seule dans sa maison de retraite près de Barcelone. Maria n'avait pas pu et pas voulu retourner en Espagne pour l'accompagner. Elle n'a pas cessé, depuis, de se le reprocher. Et voilà qu'elle me raconte qu'en prenant soin de cette patiente espagnole en phase terminale elle a décidé d'associer sa mère à cet accompagnement : « Maman, je fais pour cette femme ce que je n'ai pas été capable de faire pour toi. J'ai mûri depuis, et, aujourd'hui, si tu étais mourante, je prendrais soin de toi. » C'est ainsi que Maria a pu enfin faire son deuil.

Quand l'humain a raison de la peur

L'occasion inédite de renforcer son humanité

Alors que partout me reviennent des témoignages éprouvants, devant ce que les uns et les autres qualifient d'une « perte d'humanité », d'autres échos me parviennent, étonnamment positifs.

J'entends des hommes et des femmes qui, au lieu de se plaindre, cherchent à faire face le mieux possible. On s'ingénie à trouver des solutions, en l'absence de masques et de blouses. On pallie l'absence de certains soignants, eux-mêmes contaminés et confinés chez eux, en s'aidant les uns les autres. L'objectif est de protéger les résidents et de leur rendre la vie la moins difficile possible. La spécificité des métiers s'estompe. Chacun met la main à la pâte. On assiste à une transversalité du soin : l'animateur devient infirmier, l'infirmière devient aide-soignante, la psychologue devient animatrice. Tout est chamboulé. Mais, curieusement, les échos qui me reviennent de cette adaptation courageuse à une réalité que personne n'avait vu venir me réconfortent. Je me dis qu'il y a une solidarité ingénieuse chez ces soignants.

Ce matin, une directrice d'un Ehpad du Languedoc, touché par le virus, m'appelle. Elle a besoin de parler. Elle a des larmes plein la voix. Hier, la fille d'une résidente qui était sur le point de mourir l'a suppliée de la laisser venir.

> « J'ai pris sur moi la responsabilité de l'autoriser. Je me suis mise à sa place. Si cette femme mourante avait été ma mère ? J'ai équipé sa fille comme j'ai pu, avec les moyens du bord, parce qu'on n'avait pas encore de masques. La fille est entrée. Sa mère a ouvert les yeux et lui a tendu les bras : “ma chérie”. J'ai vu la fille se précipiter vers sa mère et la serrer contre elle en pleurant. Je n'ai pas bougé. C'était impossible. Je ne pouvais pas intervenir pour empêcher ces adieux. Maintenant, je suis écartelée entre le sentiment d'avoir bien agi, même si j'ai enfreint le règlement, et la peur que sa fille soit contaminée et qu'elle me reproche ma passivité. »

J'ai rassuré cette femme. Elle a suivi ce que lui dictait sa conscience, elle a fait passer l'humain avant la règle. La fille de cette résidente, qui est morte quelques heures plus tard, l'a beaucoup remerciée et a rendu hommage à son humanité.

En raccrochant, je me suis demandé combien de soignants avaient été pris dans de tels dilemmes.

Quand les rites sont respectés

Je me suis souvenue d'une directrice d'Ehpad de la région de Montpellier, Véronique Robert[1], que j'avais trouvée particulièrement humaine, très engagée dans la culture palliative.

C'était pendant l'année 2017. Je terminais, à la demande de Sophie Broissard[2], une série d'interventions sur l'amélioration de la fin de vie, auprès des psychologues de ses établissements. Une enquête interne avait confirmé que la question de la mort était taboue. Elle avait révélé l'hétérogénéité des pratiques. Ce travail inédit a abouti à un livre blanc recommandant un socle de « bonnes pratiques », concernant l'accompagnement des derniers instants de la vie, l'annonce du décès, les rituels de deuil. Parmi les bonnes pratiques identifiées, la démarche de Véronique Robert, intitulée « la haie d'honneur[3] », a été retenue ; et je l'ai trouvée magnifique. Les soignants de cet établissement se sont émus de la manière dont la mort était escamotée, notamment au moment de l'enlèvement du corps par les pompes funèbres. « Lorsque la mort est masquée, que le corps est évacué par le même chemin que les poubelles,

1. Véronique Robert est directrice de l'Ehpad Korian La Colombe, à Gigean.

2. Sophie Broissard, présidente de Korian.

3. La haie d'honneur – « Vivre et accompagner la fin de chaque vie », Fondation Korian, YouTube.

c'est très difficile à vivre pour les résidents, très angoissant », m'ont-ils dit.

Véronique Robert avait engagé toute son équipe dans un travail de réflexion approfondie sur la meilleure manière d'accompagner jusqu'au bout leurs résidents. Elle n'envisageait pas d'entretenir un déni de la mort dans son établissement. Elle savait que cette attitude, qui consiste à faire comme si les résidents n'allaient pas mourir un jour, générait une immense solitude. Les personnes âgées qu'elle accueillait entraient dans un lieu de vie où elles allaient vivre, puis mourir. Elles vivaient avec la pensée de leur fin non pas en permanence ni de façon morbide, mais cela faisait partie de leurs préoccupations. Cette pensée coexistait avec leur désir de vivre et d'éprouver encore du plaisir et du bien-être. Ce n'était pas incompatible du tout.

L'instauration du rituel de « la haie d'honneur » est donc le fruit de tout un travail pour instiller la culture palliative dans l'établissement. Alors que la mort était cachée, que le départ définitif des résidents se faisait en catimini, Véronique et son équipe ont donc réfléchi à une autre manière de faire. Pourquoi ne pas clôturer le séjour d'un résident par un dernier hommage ? Pourquoi ne pas l'accompagner jusqu'à la sortie, par la grande porte ? Toute l'équipe était convaincue que cela faciliterait le deuil des autres résidents, des familles et des soignants. Dans la vidéo qui témoigne de cette expérience, on voit les agents des pompes funèbres qui sortent le corps du défunt, sur un brancard, recouvert d'une couverture de couleur, de la chambre, descendent avec l'ascenseur et arrivent dans le hall d'entrée. Ils s'arrêtent pour une minute de recueillement au milieu d'une haie d'honneur, où l'on retrouve les autres résidents amis du défunt, la famille de ce dernier et les soignants. De son vivant, le résident a choisi lui-même la musique à diffuser pour sa haie d'honneur. Tout le monde écoute donc en silence recueilli ce morceau de musique. Puis le corps sort par la grande porte, suivi par ceux qui sont venus rendre un dernier hommage. Le rituel est simple, sobre, très beau. On sent l'émotion de tous, une émotion partagée et autorisée. En effet, j'observe qu'une infirmière essuie une larme sur sa joue, qu'un membre de la famille vient la réconforter d'un geste. Nous assistons à un départ humain.

Avec le recul, on se rend compte que ce simple rituel a changé radicalement l'attitude des soignants vis-à-vis de la mort. Celle-ci fait partie de la vie. Elle est acceptée comme notre destin à tous. En parler ne fait pas mourir, et parler des morts fait du bien aux vivants.

Quant aux autres résidents, loin de les angoisser, ce rituel les rassure. Pour eux, on fera la même chose. « Ils ne partiront pas comme une petite chose », dit la fille d'un résident. Ils savent qu'on les accompagnera jusqu'au bout. Comme on l'a dit, beaucoup ont choisi la musique qu'ils souhaitent pour leur propre haie d'honneur. C'est l'occasion pour eux d'exprimer ainsi leurs dernières volontés, et éventuellement leurs craintes.

Si j'ai tenu à m'attarder sur ce rituel, c'est qu'il est symbolique de l'état d'esprit que Véronique a su insuffler dans son établissement. Ici, c'est l'humain qui prime.

Être humain avant tout

Le lecteur comprendra que j'ai voulu vérifier, auprès de cette grande humaniste, la manière dont elle « gérait » la crise du Covid-19.

J'appelle donc Véronique. Elle me raconte alors qu'elle a décidé de confiner ses résidents dès le 26 février. Cela s'est fait progressivement, avec un objectif : protéger, mais rester humain. Elle a rencontré personnellement toutes les familles et leur a expliqué les raisons de ces mesures exceptionnelles. Il s'agissait, avant tout, de protéger leur parent. Elle s'est engagée à les appeler régulièrement et à « être transparente ».

> « J'avais mis en place un point info tous les vendredis, dans lequel j'expliquais tout ce qui se passait. Paradoxalement, les familles ont bien accepté de ne plus voir leur parent. Elles ont compris quel était l'objectif

de ces mesures. Elles ont validé notre manière de faire. Je crois qu'en fait elles avaient confiance. »

Je réalise, ainsi, que la communication avec les familles a été l'axe central de cette volonté de rester humains. Celles-ci ne s'y sont pas trompées. Elles n'ont cessé d'envoyer aux soignants des messages de soutien ! Il faut dire que beaucoup d'entre elles avaient eu le temps de juger de l'humanité des soins prodigués par les soignants de cet établissement. Elles avaient donc confiance.

Les résidents ont été confinés strictement dans leurs chambres, mais tout le personnel s'est mobilisé pour qu'ils ne se sentent pas seuls. Chaque résident a pris son repas en présence d'un soignant. Chacun a pu communiquer avec sa famille, par Skype. « Nous avons sectorisé l'Ehpad », m'explique Véronique.

Je comprends que l'établissement a été provisoirement divisé en petites unités de quinze à vingt résidents. Et qu'une aide-soignante, aidée par deux auxiliaires, avait la responsabilité de chaque petite unité. « Cela a engendré une proximité dont nous n'avions pas l'habitude. Du coup, nous repensons l'organisation pour l'avenir, car le virus circule toujours et sans doute pour longtemps encore. »

Je demande alors à Véronique comment elle a vécu cette période si particulière, et comment son personnel l'a vécue. « Bien sûr, reconnaît-elle, nous étions dans une zone moins atteinte par le virus : nous n'avons pas eu un seul décès du Covid-19. Je mesure la chance que nous avons eue, et pourtant l'application même des règles du confinement a été une rude épreuve. C'était étrange. J'avais l'impression de vivre en dehors du temps. J'arrivais le matin, je me changeais de la tête aux pieds, je mettais de nouveaux vêtements, une surblouse, un masque, j'enlevais mes bijoux. Et puis il y avait ce silence… un silence impressionnant. »

Véronique n'a enregistré aucune défection dans son personnel. Tout le monde était sur le pied de guerre. Zéro absentéisme !

> « Personne n'a lâché ! J'avais de véritables guerrières avec moi. Elles prenaient leur temps de pause sur place. Nous avons vécu une solidarité formidable. Malgré notre angoisse quotidienne et la responsabilité énorme que l'on faisait peser sur nous, nous avons réussi à rester au plus près de nos valeurs humaines. »

Ainsi, si aucun des résidents de l'Ehpad La Colombe ne s'est laissé mourir de chagrin ou de solitude, c'est parce que le personnel était présent, pour les rencontres Skype avec la famille, pour un brin de causette et, bien sûr, pour les repas. Chaque résident avait près de lui un membre du personnel pour l'aider à se nourrir. Le cuisinier apportait un soin infini à la préparation et à la présentation des plats.

> « J'ai même constaté que des personnes très dépendantes se nourrissaient mieux et plus qu'en temps ordinaire. C'est une des surprises de cette crise, se rendre compte que certaines vieilles personnes préfèrent rester dans leur chambre pour le repas, accompagnées d'un soignant, plutôt que de le prendre en commun avec les autres résidents ! Cela me fait réfléchir. Sans doute faudra-t-il remettre en question la pratique du repas en commun, du moins pour certains. »

Véronique revient sur tout ce que cette expérience lui a appris. La capacité de transversalité des soignants, par exemple. « J'ai vu l'infirmière sortir un par un les résidents dans le jardin, pour voir les animaux, j'ai vu l'ergothérapeute faire des séances de massage, j'ai vu les auxiliaires de vie faire des animations. Ce n'était pas "chacun dans son métier", c'était "on s'y met tous !" » D'ailleurs, elle-même, toute directrice qu'elle soit, « s'y est mise ». Elle entrait souvent dans la chambre d'un résident pour l'aider à prendre son repas.

J'avoue que le témoignage de Véronique Robert me rassure. J'ai entendu tant d'horreurs, ces derniers temps, sur ce que vivait le personnel de certains Ehpad !

« Dire que nous n'étions pas angoissés serait faux. Il y avait une obsession : protéger ! Nous avions forcément peur d'être porteurs du virus sans le savoir et d'être potentiellement contaminants. »

Véronique me raconte alors l'émotion qui s'est emparée des soignants, autour du 1er mai.

> « Fin mars, nous avons accueilli une résidente de 97 ans. Elle venait de l'hôpital. Nous ne la connaissions pas. Le 29 avril, nous avons testé tous les résidents et nous nous sommes aperçus qu'elle était "partiellement positive". Il y a eu un vent de panique pendant deux jours. J'ai fait tester l'ensemble de la résidence, et nous avions une peur bleue de découvrir que certains d'entre nous ou certains des autres résidents avaient été contaminés. En fait, cette vieille dame n'a contaminé personne. J'en ai conclu que les mesures barrières mises en place avaient été très efficaces. »

Il y a bien eu un cas de Covid-19, mais, à mon grand étonnement, le feu n'a pas pris dans cet Ehpad. J'admets volontiers l'argument de Véronique : les mesures barrières ont été respectées.

À partir du 11 mai, date du déconfinement général, mais que certains Ehpad peinaient à mettre en place, Véronique a autorisé les visites sur rendez-vous dans le jardin, en mettant en place un « comptoir des rencontres ». Elle se souvient de cette femme qui est venue avec un bouquet de fleurs pour l'anniversaire de sa mère (104 ans), et à qui elle a permis d'entrer dans la chambre. La fille a embrassé sa mère. « J'ai fermé les yeux », dit Véronique Robert.

Je lui demande alors s'il y a eu des décès. « Oui, me répond-elle, deux personnes sont mortes, mais pas du Covid-19. Elles sont mortes, pourrait-on dire, de vieillesse, naturellement. » Comment en est-elle si sûre ? « Parce que, dès la fin avril, nous avions la possibilité de tester. »

Ces deux personnes ont été accompagnées par leur famille. Véronique avait décidé de mettre en place un roulement, de façon à ce que chaque membre puisse venir dire adieu. Elle tenait un planning. Toutes les deux heures, une personne nouvelle arrivait au chevet de la mourante. Elle avait donc tout son temps. Et lorsque la mort est venue, Véronique a autorisé le rassemblement de la famille – ils étaient une dizaine – autour du lit pour un dernier hommage, avant la mise en bière. Ils se tenaient à 1 mètre les uns des autres. « Certains ont voulu embrasser le visage, je ne suis pas intervenue ! » Ensuite, la famille a demandé qu'un prêtre vienne célébrer le sacrement des malades. « J'ai autorisé la venue du prêtre. Elle est morte une heure après. » Véronique me dit que cette femme est partie dignement, et elle a la conscience tranquille.

Elle a réussi à concilier la prudence, en faisant respecter au maximum les mesures barrières ; et l'humain, en laissant une certaine marge de manœuvre à la famille, à l'expression de leur émotion, au besoin d'avoir un dernier contact avec l'aïeule aimée. Le départ du cercueil s'est fait comme à l'habitude, entouré d'une haie d'honneur, à laquelle ont participé la famille et les soignants. Fidèle à leur engagement de ne jamais laisser un résident quitter pour toujours son dernier lieu de vie sans être accompagné, la directrice de La Colombe a tenu à ce que ce dernier rituel soit respecté.

La dernière haie d'honneur a eu lieu peu après le déconfinement.

> « Il y avait des résidents amis du défunt, la famille et les soignants, tous masqués. Nous attendions les pompes funèbres, qui étaient en retard. Nous avons vécu un très joli moment. Une résidente a proposé que nous récitions tous ensemble une prière. Cette proposition, qui n'aurait peut-être pas été accueillie de la même façon avant le confinement, nous a paru si juste ! Nous nous sommes sentis tous solidaires les uns des autres. Ensuite, lorsque le cercueil est descendu, une infirmière a lu un poème que le défunt avait choisi pour sa "haie d'honneur". C'était très émouvant. J'ai su ensuite que le poème avait été lu à nouveau devant le caveau familial. »

Maintenant que le gros de la crise est passé, « le contrecoup est compliqué ». Le personnel reprend des habitudes de « chouineries ». Véronique désigne par cette expression locale une façon de se plaindre pour des broutilles. Elle secoue son équipe.

> « Rendez-vous compte de ce que nous avons réussi à faire : nous n'avons pas eu un seul cas de Covid-19, les familles sont satisfaites, nous avons été à la hauteur de la situation, solidaires, inventives, fidèles à nos valeurs humanistes. Vous avez tout donné et maintenant vous

retombez dans vos travers. Tout vous paraît insupportable, alors que nous venons de gravir une montagne ! »

Je sens que Véronique est fière du combat mené par son équipe contre le Covid-19, contre la dépression des résidents, contre l'angoisse des familles, contre un certain découragement possible. Je la comprends. J'ai tenu à publier ici son témoignage, car, dans le concert des souvenirs douloureux que j'entends, je n'ai pas envie d'oublier la voix tonique et positive de cette belle directrice d'un vrai lieu de vie pour personnes âgées. Je tiens à montrer que l'adieu à des parents mourants a été possible dans certains établissements, mais qu'il a fallu beaucoup de communication avec les familles, un mélange de rigueur et de souplesse dans l'application des consignes venues de l'État. Bref, une capacité à s'adapter, avec intelligence et humanité.

Qu'avons-nous appris de cette crise sanitaire ?

« Vivre une expérience et ne pas la transmettre, c'est la trahir. »

Elie Wiesel

1 – L'isolement tue

C'est, en effet, la plus grande leçon de cette crise sanitaire. En confinant la population, nos responsables politiques et sanitaires ont imposé à de nombreuses personnes un isolement auquel beaucoup n'ont pas survécu. Si le confinement est décrit aujourd'hui comme une période heureuse par ceux qui se sont retrouvés en famille dans des maisons de vacances, bon nombre de personnes seules ont beaucoup souffert. J'affirme même que ce confinement de presque trois mois les a fragilisées. Les plus vieux, les plus fragiles, sans visites, sans lien avec l'extérieur, sans possibilité d'aller marcher dans un jardin ou dans un parc, ont perdu leurs muscles, leur tonus vital, et souvent leur goût à vivre. Beaucoup n'osent plus sortir. Les proches disent souvent qu'ils ne les reconnaissent plus : amaigris, déprimés, tenaillés par des idées de suicide.

Le rapport sur l'isolement de l'association des Petits Frères des Pauvres nous a appris que 720 000 seniors de plus de 60 ans n'ont eu aucune nouvelle de leur famille durant le confinement[1]. Cela représente 4 % des plus de 60 ans. Ces personnes vivant seules chez elles, n'utilisant pas Internet, n'ont habituellement pour uniques contacts que ceux qu'ils établissent avec le pharmacien, le boulanger, le médecin ; bref, des personnes qu'elles n'ont plus vues pendant cette période. Ces personnes ont vécu une « triple peine » : isolement, précarité, exclusion numérique. En temps normal, elles sont aidées par les associations, par des aidants professionnels, qui ont dû limiter, voire annuler, leur passage au domicile. Parmi ces « invisibles », dont on ne parle pas, saura-t-on jamais qui est mort du Covid-19 ou qui est mort de solitude[2] ?

1. « Pendant deux mois, les plus de 60 ans ont été pour certains désespérément seuls, comme le montre une étude des Petits Frères des Pauvres. AFP/Andrea Pattaro – 4 juin 2020.

2. « La crise sanitaire a considérablement aggravé [...] la mise à l'écart de la population âgée, fragile et dépendante. On en a vu les conséquences avec la mortalité et je crains qu'on n'ait pas fini [...]. On va retrouver des personnes âgées mortes à leur domicile, derrière leur porte » (Témoignage du docteur François Puisieux, gériatre au CHU de Lille, cité dans le rapport sur l'isolement des Petits Frères des Pauvres).

Ne saura-t-on jamais quel pourcentage de ces personnes totalement isolées a vu son état psychologique et son état physique se dégrader ? Au point, peut-être, de perdre toute autonomie ?

Pourtant, dans le même temps, d'autres personnes seules à domicile ont traversé le confinement sans trop en souffrir. Comme en témoigne le beau livre de Dafna Mouchenik *Première Ligne*[1], les aides à domicile, « ces travailleurs de l'ombre » exposés au danger, mais le surmontant, ont fait leur possible pour n'abandonner personne. Jointe au téléphone, Dafna m'apprend que son service n'a constaté aucun décès du Covid-19 à domicile – quatre décès de personnes qui ont été hospitalisées –, et je comprends que l'accompagnement dont ses équipes ont fait preuve a évité aux personnes âgées à domicile de se sentir trop isolées.

Ce constat dramatique que l'isolement tue nous invite à une prise de conscience urgente. Saurons-nous être plus solidaires de nos âgés, surtout lorsque nous les savons isolés ?

Mon amie psychothérapeute, Sevim Riedinger, m'a confié avoir appelé tous les soirs à 19 heures une très vieille voisine, confinée dans sa maison en Dordogne. Une femme de plus de 90 ans qui, ne supportant pas cette réclusion, perdant goût à la vie, avait cessé de s'alimenter. Ce petit rendez-vous téléphonique

1. Dafna Mouchenik, *Première Ligne – Journal d'un service d'aide à domicile durant le confinement*, Fauves, 2020.

pendant tout le confinement l'a maintenue la tête hors de l'eau. Un tout petit geste de solidarité affectueuse peut sauver une vie.

2 – Le déni de la mort est mortifère

Dans la tribune que j'ai publiée dans *Le Monde*[1], j'écrivais que toute cette inhumanité dont ont souffert les personnes âgées, les malades, les soignants et les familles trouve son origine dans le déni de la mort qui s'est implanté il y a soixante-dix ans dans nos sociétés occidentales.

Nous vivons en oubliant que la mort fait partie de la vie, que nous mourrons tous un jour, que la vie est un risque. Il y a quelque chose de bien pathétique dans cet oubli. On voudrait éradiquer la mort. Et nous sacrifions à cette illusion tout ce qui donne du sens à la vie : la relation humaine, le bonheur de se toucher les uns les autres, de se rencontrer.

Nous sommes, cependant, tous responsables de ce déni de la mort et de cette confiance aveugle que nous faisons à la technoscience et aux politiques. Certains dénoncent l'infantilisation qu'ils nous imposent, mais nous sommes collectivement si dociles que cela pose question : comment avons-nous pu accepter que l'on nous empêche d'aller dire au revoir à un proche

1. Voir annexe 1 – p. 137.

aimé ? D'autant plus qu'il n'y a aucun fondement juridique à cette interdiction. Avons-nous si peur de la mort que cette peur l'emporte sur notre conscience éthique ? Nous sommes restés chez nous, calfeutrés sur ordre du sanitaire, alors que notre conscience nous commandait d'oser frapper à la porte d'un Ehpad, pour prendre dans nos bras le parent mourant, à qui nous devons tant. Certains ont osé le faire et, devant leur détermination, les portes se sont ouvertes. Ils ne le regrettent pas. Les responsables d'Ehpad ou de services de soins palliatifs qui « ont fermé les yeux » ne le regrettent pas non plus.

Ils savent, en leur for intérieur, qu'ils ont fait ce que leur conscience leur dictait.

Cette liberté intérieure les honore.

N'est-il pas temps de sortir de ce déni qui isole nos personnes âgées, qui les laisse seules avec leurs pensées sur la mort et leurs angoisses sur les conditions de leur *mourir*, avec leurs inquiétudes quant au respect de leurs directives anticipées ?

N'est-il pas temps de questionner la confiance aveugle que nous faisons au progrès illimité, à la techno-science qui est devenue « la clé universelle, la solution suprême[1] », à laquelle nous demandons toujours plus de techniques de pointe, d'interventions chirurgicales, « de réanimations audacieuses » ?

---

1. Anne-Laure Boch, « Oui, la France a bien trié les patients sur des critères d'âge pour entrer en réanimation », art. cité.

N'est-il pas temps de hisser l'éthique, les valeurs spirituelles, au niveau d'une vraie exigence humaine ?

N'est-il pas temps de cesser de laisser nos politiques se mêler de nos libertés privées, de nos choix et de nos priorités ?

N'est-il pas temps d'accepter tout simplement que chacun de nous est mortel, qu'aucun principe de précaution nous évitera de mourir à notre heure ni d'éviter à nos proches le mystère de toute destinée humaine ?

Sommes-nous devenus stupides au point de croire qu'on aura un jour raison de la mort ? Avons-nous à ce point perdu toute capacité à penser notre destin, à laisser les technoscientifiques réduire nos personnes à notre corps biologique et mépriser ce que Cynthia Fleury nomme à juste titre « la vie indivisible » ?

Enfin, allons-nous laisser le biopouvoir nous déposséder de tous les acquis sur la dignité du mourir et les droits des personnes en fin de vie ? Beaucoup se sont émus du fait que les hôpitaux, au plus fort de la crise, ont refusé d'admettre des personnes âgées en réanimation. J'ai développé plus haut ce que je pense de ce « tri des patients », qui était de fait une décision raisonnable. Car le vrai scandale, la vraie barbarie n'a pas été de priver nos âgés d'une réanimation qu'ils n'auraient pas pu supporter, et qui ne les aurait pas sauvés. Le vrai scandale a été de les laisser mourir sans accompagnement, sans la présence d'un être aimé, sans le secours d'une aide spirituelle pour ceux qui la réclamaient.

3 – La vie est indivisible

Nous avons réalisé à quel point notre modernité a occulté la question de la mort. Nous avons agi dans un déni total de ce qu'est la vie. Une vie « indivisible » qui n'est pas seulement biologique, mais affective, sociale, économique, démocratique, pour reprendre les mots de cette philosophe que j'estime, Cynthia Fleury. Au nom de la protection de la vulnérabilité des personnes, nous leur avons imposé des décisions qui ne respectent pas leur choix ni leur capacité d'autodétermination.

Nous savons bien que les décisions sanitaires et la manière dont on les a appliquées ont été davantage dictées par la peur que par le respect de l'autonomie des personnes et de leur dignité. On a dénié aux personnes vulnérables le droit de prendre des risques pour elles-mêmes. Cynthia Fleury, auteure du concept de « bien(sur)veillance », n'a cessé de rappeler, dans ses nombreuses interventions, que la prise de risque est « consubstantielle à l'existence », la vie nous demandant « en permanence de prendre des risques “souhaitables” ».

D'autres penseurs, pendant le confinement, ont critiqué le « sentimentalisme » qui fait de la vie biologique une valeur suprême, alors qu'il y a des choses plus précieuses que la vie physique, le lien d'amour avec ceux que l'on aime, comme nous l'ont rappelé bien des personnes âgées.

Toute décision sanitaire à venir devra prendre en compte cette « vérité holistique[1] ».

4 – En situation d'urgence, une veille éthique s'impose

Cette interdiction de venir dire au revoir à un proche mourant, de l'accompagner dans ses derniers moments, de pratiquer l'« adieu au visage » est sans aucun doute ce qui marquera définitivement cette pandémie. Comment a-t-on pu en arriver là ? Toucher à ce rite sacré, immémorial, de l'accompagnement d'un mourant ? « Ces mesures sanitaires sont venues s'abattre de manière très administrative, renforçant encore le sentiment de relégation et de disqualification des plus vulnérabilisés », affirme Benoît Eyraud[2], sociologue du centre Max-Weber. Il aurait été judicieux, ajoute-t-il, de consulter au préalable les avis des professionnels, des résidents, des familles : « Cette attention participative aurait facilité

1. L'expression est de Cynthia Fleury.

2. Benoît Eyraud est chercheur au centre Max-Weber et maître de conférences à la faculté de sociologie et d'anthropologie de l'université Lyon 2, initiateur de la démarche de recherche citoyenne Capdroits.

une appropriation et un ajustement plus rapides des règles[1]. »

Nous savons que cette interdiction n'avait pas de fondement juridique. Une visite à une personne sur le point de mourir entrait dans le champ des exceptions prévues, notamment en cas de motif familial impérieux. Il relevait donc de la conscience éthique du responsable d'établissement de faire « du cas par cas ». C'est d'ailleurs ce que beaucoup ont fait. Mais d'autres ont eu peur, et leur refus de laisser entrer un proche pour un dernier adieu relève d'une faute éthique.

Reconnaissant que la fonction symbolique des rituels est déterminante pour que le deuil ne devienne pas pathologique, et s'interrogeant sur l'absence dramatique d'éthique, le bulletin de Régis Aubry et Karine Lefeuvre[2] affirment : « Le premier principe a respecter est celui de maintenir l'individualisation du soin, du décès, du deuil et de la relation en général jusqu'au bout et au-delà, même dans ce contexte d'urgence collective. »

Dans son bulletin de veille du 23 mars 2020, le Comité consultatif national d'éthique rappelait la

1. « Le risque est d'oublier la dignité humaine des personnes âgées et vulnérables », interview de Carina Louart, *CNRS Le journal*, 28 mai 2020.

2. « Questions éthiques soulevées dans le cadre de l'épidémie de Covid-19 concernant les personnes vulnérables du fait de l'âge, du handicap ou de l'absence de domicile fixe. »

nécessité d'une attention particulière au « risque affectif de l'isolement » des personnes les plus vulnérables. Quelques jours plus tard, il rappelait que « toute mesure contraignante restreignant les libertés reconnues par notre État de droit, notamment la liberté d'aller et venir, doit être nécessairement limitée dans le temps, proportionnée et adéquate aux situations individuelles ».

Toute la réflexion éthique pendant le confinement a porté sur les conséquences paradoxales des mesures sanitaires sur la santé de ces personnes que l'on cherche à protéger. L'impact est triple sur la fragilité des âgés : réduction des activités quotidiennes (risque de sarcopénie, de chutes, d'aggravation de la dépendance), anxiété, risque dépressif, agitation, agressivité, retrait sur soi et sentiment d'inutilité sociale. Tous les éthiciens l'affirment, l'isolement est la troisième cause de mortalité en France chez les plus de 75 ans.

Il apparaît donc nécessaire de prévoir une « éthique d'urgence » pour aider les directeurs d'établissement à trouver un équilibre entre principe de précaution et autonomie, entre sécurité et liberté. Une éthique d'urgence qui prévoie des aménagements exceptionnels.

« Le cœur du problème est là, me dit Pascal Champvert, les Ehpad doivent gérer cet équilibre et sont confrontés à des dilemmes face à des pressions contradictoires. Des familles exigent le déconfinement de leur parent, et d'autres menacent d'attaquer en justice si on ne protège pas assez leur parent. » « Un système fou », accuse Pascal, et qui le restera tant qu'il y aura des équipes de direction et de soignants responsables de la vie et de la mort des résidents.

Sensible à ce défaut d'éthique, le député Xavier Breton, rapporteur de la proposition de loi pour une éthique de l'urgence (n° 3038), vient de m'auditionner[1]. Il constate que « des lignes rouges ont été franchies » au prétexte de l'urgence et de la gravité de la crise sanitaire. Les questions éthiques ont malheureusement été reléguées au second plan de nos préoccupations. « Elles renvoient pourtant à ce que notre société a de plus précieux : la dignité de la personne humaine. »

Pour sortir de la crise de l'éthique qui menace, « pour empêcher le franchissement de lignes rouges à l'avenir, il est indispensable de prévoir un "filtre" éthique sur toutes les mesures prises en période d'état d'urgence sanitaire et qui soulèvent des problèmes éthiques et des questions de société », lit-on dans la proposition de loi n° 3038, qui propose que « les actes pris en période d'état d'urgence sanitaire fassent l'objet d'une saisine et d'un avis du Comité consultatif national d'éthique (CCNE) et que le Parlement puisse débattre de ces sujets ».

1. Audition du 11 juin 2020.

5 – Les plus de 65 ans n'accepteront plus d'être infantilisés

La manière dont les mesures sanitaires ont parfois été appliquées dans les établissements pour personnes âgées, le fait que le gouvernement ait songé un temps à discriminer les plus de 65 ans[1] en prolongeant sans limites de temps leur confinement mettent en évidence l'infantilisation dont les personnes âgées ont souffert. On a voulu les protéger, sans leur demander leur avis.

Je me demande maintenant comment la génération à laquelle j'appartiens, les boomers dont Michèle Delaunay[2] a retracé le « fabuleux destin », vont réagir dans cette période post-confinement si incertaine. Ils se méfient de plus en plus des Ehpad, travaillent à vieillir le mieux possible, et ont besoin de leur liberté et de leur autonomie pour cela. Ils n'accepteront pas d'être confinés une seconde fois sous prétexte que leur âge les classe dans la catégorie des gens fragiles. Ils veulent avoir leur mot à dire.

Comme nous l'avons écrit dans le « Manifeste pour une révolution de la longévité[3] », en exprimant leur colère quand la barrière d'âge fut un temps envisagée (et heureusement abandonnée) pour les contraindre

1. Voir annexe 1, tribune dans *Le Figaro*, p. 137.

2. Michèle Delaunay, *Le Fabuleux Destin des baby-boomers*, Plon, 2019.

3. Je suis cosignataire de ce manifeste publié dans *Le Monde*, le 27 mai 2020.

au confinement au-delà du 11 mai, cette génération, qui avait 18 ans en mai 1968, a crié en 2020, à l'âge de 70 ans : « Vous ne ferez plus contre nous. » Mieux : « Vous ne ferez plus sans nous. »

« Nous ne sommes pas des objets de soin », a dit avec force Marie-Françoise Fuchs, présidente d'honneur de l'association Old'Up. Nous sommes des personnes responsables, capables d'évaluer les risques que nous voulons prendre, capables de discerner où est l'essentiel pour nous. Quand on sait que l'on n'a plus qu'un temps limité à vivre, on peut vouloir protéger ce temps, quel que soit le prix à payer, mais on peut préférer ne pas le protéger au risque d'une perte de lien. On peut aussi préférer mourir que vivre une vie de réclusion.

« Cela a-t-il un sens de confiner une personne âgée qui, dans son for intérieur, est relativement en paix avec l'idée de mourir, comme c'est le cas pour beaucoup ? De l'empêcher de vivre les dernières joies de sa vie, de voir ses enfants, de les embrasser, de voir ses amis, de continuer à échanger avec eux ? Leur demande-t-on leur avis, leur choix ? Demande-t-on aux proches ce qui est plus important pour eux : prendre le risque d'attraper le Covid-19 en prenant une dernière fois dans ses bras un parent aimé et lui dire au revoir ? Ou se protéger au risque d'une culpabilité qui les empoisonnera pour longtemps[1] ? », ai-je écrit.

1. Voir annexe 2, tribune dans *Le Monde*, p. 143.

Les personnes qui vieillissent, et qu'on qualifie de « fragiles », savent bien que, ce qui compte pour elles, ce n'est pas le nombre d'années à vivre encore, mais la qualité du temps qui reste.

On m'objecte parfois que les personnes vulnérables en perte d'autonomie ont besoin qu'on décide pour elles ce que l'on estime bon pour elles. Je suis opposée à cette manière de considérer la vulnérabilité. Même atteinte dans ses facultés cognitives, une personne garde une autonomie dans ses désirs et ses valeurs. Si sa vie ne vaut plus la peine d'être vécue, elle sait prendre la décision de cesser de s'alimenter et de se laisser glisser dans la mort.

6 – La précarité de la vie renvoie à l'essentiel

Nous avons enfin appris de cette crise que la conscience de notre finitude renvoie chacun de nous à l'essentiel. C'est la raison pour laquelle, lorsque *Le Monde des livres* m'a demandé de conseiller la lecture d'un ouvrage en cette période si particulière, je n'ai pas hésité à parler du dernier livre de Jean d'Ormesson[1], car il incite à une vraie méditation sur notre finitude[2].

1. Jean d'Ormesson, *Un hosanna sans fin*, Éditions Héloïse d'Ormesson, 2018.

2. Voir annexe 3, tribune du *Monde des livres*, p. 149.

Invitée par mon fils Édouard de Hennezel, fondateur du cercle Vulnérabilités et Société[1], à exprimer en une minute ce que le confinement m'avait apporté, j'ai voulu dire ceci :

« Je pense beaucoup, toutes ces dernières semaines, aux malades du sida que j'ai accompagnés dans les années 1980. Ils avaient une épée de Damoclès au-dessus de la tête. Ils savaient qu'ils allaient mourir. Ils ont consacré les dernières semaines, les derniers mois de leur vie, à aimer de toutes leurs forces. Et c'est un peu ce que l'on retrouve, ce que l'on observe chez les personnes âgées dans les Ehpad qui, elles aussi, ne sont pas très éloignées de leur mort, et qui préfèrent consacrer le temps qui leur reste à vivre à voir leurs enfants, à donner et à recevoir de l'amour, plutôt qu'à protéger ce temps au prix d'une réclusion. Quant à moi, je vis ce confinement comme la chance qui m'est offerte de méditer sur le fait que je ne serai pas toujours là, que ma vie est précaire, et donc précieuse. J'ai une conscience aiguë de ce qui compte vraiment, l'amitié, l'amour, mon rôle d'aînée avec tout ce que j'ai à transmettre. Tout ce que je peux encore apporter aux

1. Le cercle Vulnérabilités et Société est un think and do tank qui étudie concrètement la manière dont les vulnérabilités du champ social et de la santé peuvent devenir un véritable levier de développement économique et social. Face à la crise du Covid-19, le groupe de travail « Fin de vie en Ehpad » de ce cercle a choisi de réorienter ses travaux vers la production en urgence d'une note de recommandations à destination des professionnels des Ehpad.

Voir sur YouTube la série des vidéos filmées pendant le confinement.

autres, à la société. Oui, je prends conscience que j'ai une chance inouïe d'être vivante, en me sachant mortelle. »

Je repense, en écrivant ceci, au dernier message envoyé à ses parents par Jacques Decour quelques jours avant son exécution par les Allemands, au Mont-Valérien :

« Maintenant nous nous préparons à mourir les uns et les autres... On se prépare, on songe à ce qui doit venir, à ce qui doit nous tuer sans que nous puissions avoir un geste de défense... C'est bien le moment de nous souvenir de l'amour. Avons-nous assez aimé ? Avons-nous passé plusieurs heures par jour à nous émerveiller des autres hommes, à être heureux ensemble, à sentir le prix du contact, le poids et la valeur des mains, des yeux, des corps ? Savons-nous encore bien nous consacrer à la tendresse ? Il est temps, avant de disparaître dans le tremblement d'une terre sans espoir, d'être tout entier et définitivement amour, tendresse, amitié, parce qu'il n'y a pas autre chose. Il faut jurer de ne plus songer qu'à aimer, aimer, ouvrir l'âme et les mains, regarder avec le meilleur de nos yeux, serrer ce qu'on aime contre soi, marcher sans angoisse en rayonnant de tendresse[1]. »

1. Marie de Hennezel et Philippe Gutton, *Et si vieillir libérait la tendresse...*, In Press, 2019, p. 83.

Quelle leçon à tirer pour l'avenir ?

Nous savons, maintenant, que l'isolement tue, que les personnes les plus vulnérables ont été laissées sur le bord du chemin. Nous savons qu'elles ont éprouvé un profond sentiment d'infantilisation, le sentiment d'être mises en prison, et qu'en les qualifiant de « vulnérables » les pouvoirs publics ne se sont pas rendu compte qu'ils disqualifiaient leurs capacités à s'approprier et à ajuster les nouvelles règles sanitaires. Nous savons qu'il y a eu un « retard à l'allumage », une impréparation coupable au niveau des pouvoirs publics, puisque l'absence de masques explique en partie la contagion dans les Ehpad. Nous savons que soignants et familles ont vécu très douloureusement les contraintes qui leur ont été imposées et qui ont généré tant de désespoir chez les plus âgés confinés dans leur chambre. Nous savons qu'au motif de sauver des vies nous avons oublié le respect de la dignité humaine, le respect dû aux mourants et aux morts. Nous savons que ce non-respect des rites a engendré des souffrances, des deuils impossibles à faire.

Nous savons que la génération des boomers s'est élevée vigoureusement contre ce qui est apparu comme une discrimination par l'âge. Elle n'acceptera pas, à l'avenir, que l'on décide pour elle, sans elle.

Nous savons, enfin, qu'à l'avenir, face à une situation identique, nous devrons absolument avoir une éthique d'urgence, savoir adapter les mesures sanitaires aux personnes vulnérables et aux drames humains, veiller à ne pas considérer les personnes âgées comme incapables de décider ; ce qui suppose un changement complet dans le regard que notre société porte sur le vieillissement et le grand âge.

Une des leçons du Covid-19 est que la population civile vit mal ces décisions édictées par les autorités de l'État et les scientifiques. Elle veut y être associée, et il serait temps de s'en rendre compte.

Il me semble que la mise en place d'un comité de liaison citoyen, proposée par le Pr Jean-François Delfraissy, mais qui n'a pas été retenue à ce jour par l'exécutif, serait une excellente idée.

Je me suis étendue sur les drames et la souffrance générés par des mesures qui, pour protéger, ont en fait nui. J'ai beaucoup regretté qu'il n'y ait pas un psychologue clinicien au sein du Comité scientifique. Il aurait sans doute alerté les médecins et les experts sur les dangers d'une absence de considération de l'humain. Sur les dégâts collatéraux du confinement strict : les dépressions, les suicides, les deuils impossibles à faire. Il aurait rappelé que la vie est indivisible et qu'un conseil scientifique se doit d'être interdisciplinaire, afin de prendre en compte les dimensions philosophiques et psychologiques, puisque l'OMS ne définit pas la santé comme étant l'absence de maladie, mais comme étant un état de bien-être physique, psychique, social et environnemental[1].

Avec le peu de recul que j'ai, je dois cependant reconnaître que, partout où les humains ont su coller à leurs valeurs humanistes, le drame du Covid-19 s'est transformé en opportunité de changement. J'ai été frappée par les témoignages qui disent que, face à la crise, c'est l'humanité qui a été sollicitée. « Nous ne sommes pas là pour appliquer servilement les règles sanitaires. C'est évidemment confortable et c'est dérangeant de transgresser », « nous nous sommes adaptés pour tenir compte de l'impératif de protéger, mais l'esprit du soin a toujours été là ». Au fond, comme me le faisait remarquer Vincent You, « il faut nous laisser une certaine liberté pour construire de

1. Lire à ce sujet l'article de Nicolas Truong, dans *Le Monde* du 6 juin 2020, qui cite notamment Giorgio Agamben s'insurgeant contre l'état d'exception sanitaire, « Les hommes ne semblent pas s'apercevoir que leur vie a été réduite à une condition purement biologique et a perdu toute dimension humaine », et François Jullien, « La vie n'est pas une fin en soi, et la survie n'est pas la vraie vie ».

nouvelles “bonnes pratiques” en faisant confiance à notre sens des responsabilités ».

L'hexagramme chinois qui désigne la crise fait apparaître les deux faces de celle-ci : le chaos et la transformation. Ainsi les anciens Chinois, les taoïstes, avaient-ils compris que la vie est changement permanent. Tout change, tout se transforme. Au cœur de la félicité se niche la possibilité du malheur, au cœur du malheur se niche la possibilité de la félicité. C'est le sens du symbole du tao. La crise offre la chance de changer les choses.

C'est pourquoi méditer sur l'impermanence, sur la précarité de nos vies, sur le fait que nous sommes mortels, conduit à méditer sur l'essentiel. C'est parce que nous sommes mortels que nous avons des valeurs. Celles-ci donnent un sens à notre vie.

Apprendre à vivre avec le virus, nous le savons déjà, va nous obliger à transformer bien des choses. Sur le plan politique, sociétal, environnemental, mais surtout dans nos vies personnelles. Il nous faudra vivre avec la pensée d'une contamination possible, et donc de la mort possible, la nôtre, celle de nos proches. Il nous faudra vivre avec la pensée que nos proches ne pourront peut-être pas venir nous accompagner dans nos derniers instants, ni venir se réunir autour de notre lit de mort pour un dernier adieu, ni assister à notre enterrement ou à notre crémation. Il nous faudra apprendre à vivre comme si tout cela n'était plus possible.

C'est un sujet de réflexion autour duquel j'invite à réfléchir les groupes de boomers qui viennent suivre mes séminaires[1]. Au lieu d'attendre le moment de la mort pour se réconcilier avec des proches, pour dire le bien que nous pensons de l'un ou de l'autre, pour laisser un dernier message d'amour et de paix, pour dire notre gratitude, pourquoi ne pas le faire de notre vivant, au jour le jour ? Cela peut être une tâche magnifique pour ceux qui entrent dans l'âge de la fragilité, pour nous, tous les boomers qui, même si notre vieillissement est robuste, ne sommes pas à l'abri d'un désordre immunitaire qui ne pourrait pas résister aux assauts du virus.

Il nous faut, enfin, réfléchir à l'impact de la crise sanitaire sur les personnes et sur la société dans son ensemble. C'est Éric Garandeau[2] qui a attiré mon attention sur la création de l'institut Covid-19 Ad Memoriam[3], une équipe pluridisciplinaire qui se pro-

1. Le groupe Audiens propose à ses retraités des séminaires sur l'art de bien vieillir, que j'anime plusieurs fois par an.

2. Éric Garandeau, ancien président du Centre national du cinéma et de l'image animée (CNC), est membre du groupe fondateur de l'institut Covid-19 Ad Memoriam.

3. « Chercheurs, soignants, artistes et juristes forment l'équipe qui sera chargée de cette plateforme de recherche et de réflexion collective sur l'impact sociétal de la crise sanitaire » (Cécile Chambraud, « L'institut Covid-19 Ad Memoriam commence ses travaux », *Le Monde*, 11 juin 2020).

pose de réfléchir collectivement à l'impact sociétal de la crise sanitaire.

N'est-ce pas un peu ce que je fais avec cet ouvrage et mon cri du cœur « Plus jamais ça ! » ?

Jean-François Delfraissy, président d'honneur de l'institut Covid-19 Ad Memoriam, insiste sur l'urgence de ce travail de réflexion.

> « L'oubli est une chose qui risque d'arriver très vite. Il ne faut pas se laisser prendre par le temps. Les citoyens auront envie d'oublier cette grande peur, et on peut le comprendre. Mais on ne peut laisser oublier ce qui s'est passé dans ces circonstances totalement exceptionnelles. Il faut poser rapidement les bases de nouveaux questionnements. »

L'anthropologue Laëtitia Atlani-Duault, architecte de cette initiative académique indépendante, qui n'a pour l'instant pas d'équivalent dans d'autres pays, veut se saisir non seulement des drames, mais aussi de tout ce qui a émergé « d'inventions collectives [et] de nouvelles formes de solidarité », pour réfléchir collectivement à « de nouvelles formes de vie en commun post-Covid-19 ».

Elle a rassemblé autour d'elle des personnalités qui ont « [toutes] un pied dans la réflexion critique et un pied dans l'action, des intellectuels qui s'engagent et des acteurs qui réfléchissent ».

Je lis qu'un des objectifs de cette plateforme de recherche est de comprendre pourquoi, pour la première fois face à une épidémie, le sanitaire l'a emporté sur toute autre considération, pourquoi les populations ont accepté les mesures portant atteinte à leurs libertés fondamentales d'aller et venir, impliquant un arrêt de l'économie, mettant en danger l'avenir des jeunes et, surtout, portant atteinte au droit incompressible de toute personne à accompagner un proche mourant et à honorer celui-ci après sa mort. Pourquoi tout cela a été possible ?

L'institut ira au-delà de la seule réponse sanitaire.

Alain Cordier[1], l'un des fondateurs de l'institut Covid-19 Ad Memoriam, estime qu'il « s'est passé quelque chose en profondeur. Il y a eu des drames, des choses positives, de l'inventivité. Il faut malaxer tout cela. C'est en comprenant ce qui s'est passé que l'on se dote d'une mémoire pour l'avenir. Et, pour le comprendre, on a besoin de tous les points de vue, des acteurs, des victimes, et pas seulement celui des chercheurs ».

C'est bien ce que j'ai cherché à faire en écrivant ce livre qui donne la parole aux victimes – personnes âgées, familles, soignants – de décisions sanitaires qui n'ont pas tenu compte de l'humain.

1. Alain Cordier est l'ancien directeur général de l'AP-HP et l'ancien président du directoire de Bayard Presse.

Annexes

Annexe 1

Texte de ma tribune dans *Le Figaro* du 17 avril 2020

« La réclusion de tous les seniors jusqu'à une date incertaine ? Ce serait inadmissible ! »

Une colère sourde est en train de monter dans les rangs des seniors, à qui on laisse entrevoir un confinement sans fin, sous le prétexte de l'âge.

Alors que dans son allocution le président de la République avait annoncé qu'il serait conseillé aux plus vulnérables de la société – les personnes à risque – de rester confinés davantage pour les protéger, on apprenait peu après que, dans son entourage, la barrière des 65-70 ans avait été avancée.

Jean-François Delfraissy, président du Comité scientifique, confirme ce mercredi 15 avril [2020] la liste de ceux dont le confinement serait prolongé : les personnes « d'un certain âge, dont je suis, au-dessus de 65 ou de 70 ans », celles ayant des affections de longue durée, ainsi que « des sujets jeunes ayant une pathologie, mais aussi obèses ». Jusqu'à quand ? Peut-être jusqu'à ce que l'on trouve un traitement, rajoute-t-il. Autant dire que cela peut durer plusieurs mois.

Plusieurs personnes, dont je suis, se sont élevées vigoureusement contre cette barrière de l'âge, aussi arbitraire qu'injuste, discriminante et anticonstitutionnelle.

On nous objecte que 90 % des morts du Covid-19 concernent les plus de 70 ans. Mais ce chiffre est biaisé, car un tiers de ces morts sont des personnes des Ehpad, âgées de plus de 85 ans.

C'est pourtant à partir de ce chiffre biaisé que le Comité scientifique décrète qu'une personne de plus de 70 ans est plus fragile qu'une personne de 60 ans !

On aimerait conseiller à ce comité la lecture de l'étude du Pr Claude Jeandel[1], du CHU de Montpellier, qui montre que l'on ne peut pas lier systématiquement la fragilité à l'âge. Beaucoup de seniors âgés ont un *vieillissement robuste*, avec des réserves fonctionnelles, une résilience et des capacités à faire face intactes. En revanche, des personnes de 50 ou 60 ans

1. Pr Claude Jeandel, « Le parcours de santé du sujet "fragile" », *op. cit.*

peuvent être fragiles, avoir des poumons abîmés par le tabac, de l'hypertension, du diabète, et être obèses.

Il faut privilégier, dit-il, les trajectoires individuelles plutôt qu'une catégorisation par tranche d'âge.

Je reçois donc depuis deux jours des messages de colère et d'angoisse, de la part de seniors qui appréhendent cette prolongation de leur confinement.

Il y a ceux qui, depuis des années, veillent à vieillir le mieux possible pour préserver un certain équilibre, rester autonomes et ne pas alourdir le poids d'une société vieillissante. Ils ont adhéré aux messages de prévention que notre ministère de la Santé n'a cessé de diffuser ces dernières années. Ils ont le sentiment qu'un confinement long entraînera la perte de tous leurs acquis et les fragilisera pour longtemps.

Il y a ceux qui souffrent de solitude et de tristesse. Actifs auprès de leurs enfants et de leurs petits-enfants, auprès d'associations qu'ils font vivre, ils se sentent désormais inutiles. Ils craignent, si le confinement se prolonge, de sombrer dans la dépression, de perdre le goût de vivre. Et certains même me confient qu'ils préféreraient mourir que d'être « condamnés à la réclusion perpétuelle ».

Alors que je lui demandais ce qu'il pensait de cette barrière de l'âge, le psychiatre Philippe Gutton, président d'Old'Up, l'association « pas si vieux, encore jeunes » qui rassemble des plus de 75 ans, actifs et désireux de contribuer à la société, me confiait que, pour Lévi-Strauss, « l'âge est le concept le plus pervers qui soit ». Pervers, parce qu'il ne tient pas compte de la réalité. En effet, le handicap n'est pas lié à l'âge.

Il y a donc, dans cette décision de confiner sans limites de temps les plus de 65-70 ans, quelque chose d'éminemment pervers, inique, non éthique. Les seniors exigeront sans nul doute qu'un débat éthique ait lieu.

Que l'on conseille aux personnes âgées fragiles de continuer à se protéger, personne ne le conteste. Elles sont d'ailleurs les premières à le souhaiter, à condition que leur confinement soit humain. Qu'il laisse un espace pour les rencontres et ne les livre pas à une douloureuse solitude. Mais cela ne peut être que sur la base de l'adhésion et de la responsabilité personnelle.

Que l'on empêche des seniors actifs, dont beaucoup travaillent encore, de rester confinés lorsque leur santé est bonne, qu'ils ne présentent aucune comorbidité, c'est une autre histoire et cela ne sera pas accepté. D'ailleurs, demandera-t-on à Jean-François Delfraissy, à Jean-Yves Le Drian, à Alain Duhamel, à Roselyne Bachelot, à Michèle Delaunay de rester confinés et de cesser leur activité ? Les autoriser à continuer à se déplacer, à travailler, alors que ce serait interdit à d'autres, n'est tout simplement pas pensable.

Une des pistes possibles, pour concilier nécessaire protection des plus fragiles et liberté de se déconfiner pour continuer à travailler des plus robustes, serait, plutôt que d'ériger une barrière de l'âge – qui ne veut rien dire –, de demander aux seniors actifs de se procurer auprès de leur médecin traitant une attestation de leurs capacités à continuer leur activité, et de faire confiance à leur responsabilité.

Marie de Hennezel, psychologue clinicienne

Annexe 2

Texte de ma tribune dans *Le Monde* du lundi 4 mai

« L'épidémie du Covid-19 porte à son paroxysme le déni de mort »

Fustigeant la folie hygiéniste qui, sous prétexte de protéger les plus âgés, leur impose des conditions inhumaines, l'écrivaine et psychologue Marie de Hennezel estime que la crise sanitaire met à mal le respect des droits des personnes en fin de vie.

Si le déni de la mort est une des caractéristiques des sociétés occidentales, l'épidémie du SARS-CoV-2 illustre son paroxysme.

Depuis la dernière guerre, le déni de la mort n'a fait que s'amplifier, avec le progrès technologique et scientifique, les valeurs jeunistes qui nous gouvernent, fondées sur l'illusion du progrès infini, la promotion de l'effectivité, de la rentabilité, du succès. Il se manifeste aujourd'hui par une mise sous silence de la mort, une façon de la cacher, de ne pas y penser, avec pour conséquence une immense angoisse collective face à notre condition d'être humain vulnérable et mortel.

Ce déni de la mort a eu trois conséquences. D'abord au niveau individuel, il n'aide pas à vivre. Il appauvrit nos vies. En faisant comme si la mort n'avait pas d'incidence sur notre manière de vivre, nous croyons vivre mieux, mais c'est l'inverse qui se produit. Nous restons souvent à la surface des choses, loin de l'essentiel. Ensuite, ce déni entretient une illusion, celle de la toute-puissance scientifique et technologique, celle du progrès infini. Avec ce fantasme incroyable : imaginer qu'un jour on pourrait avoir raison de la mort. Enfin, le déni de la mort nous conduit à ignorer tout ce qui relève de la vulnérabilité. Il est responsable d'une perte d'humanité, d'une perte de la culture de l'accompagnement, avec les souffrances qui y sont associées.

Dès 1987, avec l'arrivée des soins palliatifs en France, a commencé un long combat pour sortir de ce déni. En 2005, lors de son audition au Parlement, en vue de la loi droits des malades et fin de vie, la sociologue Danièle Hervieu-Léger avait eu cette réflexion : « Le déni de la mort se venge en déniant la vie. La mort qui n'a pas sa juste place finit par envahir toute l'existence. Ainsi notre société est-elle devenue à la fois thanatophobe et mortifère. » Le déni a pourtant perduré.

L'épidémie actuelle l'illustre factuellement. La peur de la mort domine. Au lieu d'être considérée comme notre destin à tous, une réalité sur laquelle il faut méditer, car elle est inéluctable, la mort devient l'ennemi à combattre. Faut-il pour autant ne pas se protéger ni protéger les autres ? Évidemment que non. Mais cette responsabilité doit être laissée à chacun et non édictée par un pouvoir médical devenu tout-puissant, qui poursuit aujourd'hui son fantasme d'éradiquer la mort, de préserver la vie à tout prix, au détriment de la liberté de la personne.

Les acquis sur la dignité du mourir et le respect des droits des personnes en fin de vie sont brutalement mis à mal.

Je ne remets aucunement en cause l'acharnement avec lequel médecins et soignants, au risque de leur propre vie, soignent des patients qui ont encore envie de vivre. Je remets en question la folie hygiéniste qui, sous prétexte de protéger des personnes âgées, arrivées dans la dernière trajectoire de leur vie, impose des situations proprement inhumaines. Cela a-t-il un sens de confiner une personne âgée qui, dans son for intérieur, est relativement en paix avec l'idée de mourir, comme c'est le cas pour beaucoup ? De l'empêcher de vivre les dernières joies de sa vie, de voir ses enfants, de les embrasser, de voir ses amis, de continuer à échanger avec eux ? Leur demande-t-on leur avis, leur choix ? Demande-t-on aux proches ce qui est plus important pour eux : prendre le risque d'attraper le Covid-19, en prenant une dernière fois dans ses bras un parent aimé pour lui dire au revoir ? Ou se protéger, au risque d'une culpabilité qui les empoisonnera pour longtemps ?

Ce déni de la mort est dramatique, et le combat contre la mort est vain.

Nous ne mesurons pas les souffrances qui naîtront de l'érosion de l'humain, quand la distanciation sociale sera devenue la norme, comme des inégalités que cette peur de la mort aura induites : les désespoirs, les dépressions, les violences, les envies de suicide.

Nous réaliserons après le confinement le mal qui aura été fait, en privilégiant la vie au détriment de la personne.

Car, qu'est-ce qu'une personne ? Sinon un être humain qui, se sachant mortel et méditant sur sa finitude, est renvoyé à l'essentiel, à ses priorités, à ses responsabilités familiales, aux vraies questions sur le sens de son existence.

Heureusement, quand notre société aura atteint le pic du déni de la mort, s'amorcera un déclin. Nombreux sont ceux qui, déjà dans le silence de leur confinement, méditent aujourd'hui sur le sens et la valeur de leur vie, sur le genre de vie qu'ils ont vraiment envie de mener. Une vie de retour aux choses simples, une vie où le contact avec ceux que l'on aime compte plus que tout, où la contemplation du beau et de la nature participe à la joie de vivre.

Une vie où l'on n'abandonne pas les plus vulnérables, où la solidarité humaine l'emporte. Une vie qui respecte les rites essentiels qui ponctuent l'existence, et rassemble la communauté des vivants : la naissance, le mariage, la mort. Une vie où le devoir d'accompagnement de ceux qui vont mourir impose naturellement la présence, les mots d'adieu ; bref, d'entrer dans ce que le psychanalyste Michel de M'Uzan appelait l « 'orbite funèbre du mourant ».

Annexe 3

Texte de ma tribune dans les pages du *Monde des livres*

« 40 livres pour rêver le monde de demain »

Il m'avait appelée au moment de la publication de mon livre *Croire aux forces de l'esprit*, dans lequel je relatais mes conversations avec François Mitterrand depuis novembre 1984.

Nous avions échangé à propos de cette phrase du théologien Maurice Zundel, que l'ancien président aimait tant : « Quel immense mystère que la mort !... Quel immense mystère est la vie ! Car nous savons aussi peu de l'une que de l'autre, et c'est précisément parce que la vie est inconnue que la mort est pour nous un abîme. »

Jean d'Ormesson m'avait confirmé, alors, qu'il avait en commun avec François Mitterrand cette méditation permanente sur la finitude humaine.

En cette période de confinement, qui a ramené chacun à lui-même, à son intériorité, certes, mais aussi à ses angoisses, dans un monde où nous avons oublié que nous étions mortels, j'ai relu plusieurs fois le dernier livre de Jean d'Ormesson : *Un hosanna sans fin*[1]. Un petit livre que l'on peut saisir à tout moment de la journée, ouvrir à n'importe quelle page, lire une phrase, un paragraphe, et refermer. Puis, les yeux clos, laisser sa propre pensée vagabonder sur cette réalité si mystérieuse, qui est notre destin à tous.

Comme beaucoup de Français, j'ai été impressionnée par la dernière phrase que d'Ormesson a écrite avant de mourir : « Et la mort elle-même ne peut rien contre moi. » Quelle force dans cette affirmation !

Le monde de demain ne devra pas plonger à nouveau dans les obscurités du déni de la mort, dans l'illusion de la toute-puissance technoscientifique, au service des valeurs d'effectivité et de rentabilité. Car le déni de la mort se venge en déniant la vie.

1. Jean d'Ormesson, *Un hosanna sans fin*, *op. cit.*

Remerciements

Je tiens à remercier tout particulièrement les personnes qui ont contribué par leur témoignage à cet ouvrage, notamment Pascal Champvert, Christian de Cacqueray, Bruno Durand, Perrine Garnier, Aude Letty, Dominique Monneron, Dafna Mouchenik, Jean-François Richard, Sevim Riedinger, Véronique Robert, Vincent You.

Ainsi que les personnels soignants, les directeurs d'Ehpad et toutes les personnes qui ont souhaité garder l'anonymat.

Table

MIXTE
Papier issu de
sources responsables
FSC® C003309
FSC
www.fsc.org

L'éditeur de cet ouvrage s'engage dans une démarche
de certification FSC® qui contribue à la préservation
des forêts pour les générations futures.
Pour en savoir plus :
www.editis.com/engagement-rse/

Cet ouvrage a été achevé d'imprimer sur Roto-Page
par l'Imprimerie Floch à Mayenne en septembre 2020.
Dépôt légal : octobre 2020 – N° d'impression : 96880
Imprimé en France